科技创新
概说
KEJI CHUANGXIN
GAISHUO

杨剑波　编著

时代出版传媒股份有限公司
安徽科学技术出版社

图书在版编目（CIP）数据

科技创新概说 / 杨剑波编著. －－合肥:安徽科学技术
出版社,2023.11
　　ISBN 978-7-5337-6888-1

　　Ⅰ.①科… Ⅱ.①杨… Ⅲ.①技术革新-研究-中国
Ⅳ.①F124.3

中国国家版本馆 CIP 数据核字(2023)第 153242 号

科技创新概说　　　　　　　　　　　　　　　　　　　杨剑波　编著

出 版 人：王筱文　　选题策划：王　霄　　责任编辑：王　霄
责任校对：黄　轩　　责任印制：梁东兵　　装帧设计：武　迪　王　艳
出版发行：安徽科学技术出版社　　http://www.ahstp.net
　　　　　（合肥市政务文化新区翡翠路 1118 号出版传媒广场,邮编:230071）
　　　　　电话：(0551)63533330
印　　制：安徽新华印刷股份有限公司　　电话:(0551)65859178
（如发现印装质量问题,影响阅读,请与印刷厂商联系调换）

开本：720×1010　1/16　　印张：15　　字数：300 千
版次：2023 年 11 月第 1 版　　2023 年 11 月第 1 次印刷

ISBN 978-7-5337-6888-1　　　　　　　　　定价：98.00 元

目　录

第一章

科技创新的概念、路径、特点及社会意义

第一节　科学与技术的概念区别及一体化趋势

　　科学是人类探索未知世界所建立的知识体系。科学研究是一个追根求源、实证求真的探索发现过程，其结果主要为知识的产出。对科学成果的评价，主要视其创新性和真理性。

　　技术是人类运用科学原理或经验，通过方法创新和产品创造，去提高劳动生产功效或方便人类生活的一种武器。技术的产出更多是具有物化形态的现实产品。对技术的评价则首先看是否新颖可行，有无竞争力，其次能否带来生产生活的便利及经济效益。

　　科学的任务是通过回答"是什么"和"为什么"的问题，以揭示自然的本质和事物的内在规律性，目的在于正确地认识世界。科学的起源原本不是为了满足某种实际的应用，而是由好奇心驱动的对世界奥秘的探索。关于科学的起源，爱因斯坦曾经说过：现代科学有两大来源，一个是以欧几里得《几何原本》（Euclid，公元前330年—公元前275年）为代表的希腊形式逻辑思想，一个是来自近代的实验思想。因此，人们常把希腊作为科学思想的发源地，把科学实验的先驱伽利略（1564—1642年）看成是科学家的鼻祖。古希腊人最初也和中国的古圣贤们一样，都把自然界作为一个整体加以考察，虽然也进行了一些精妙的哲学思考，但由于没有坚实的实验基础、严密的分析演绎和高度的理论抽象，故算不上真正的科学。真正意义上的自然科学诞生于16世纪，先是从天体运动研究中率先获得突破的，而后逐步深入到自然界的不同领域和层面；把自然界分为动物界、植物界和矿物界，把物质运动分为机械运动、物理运动、化学运动和生命运动等若干门类,加以系统和深入的研究,从而建立了不同门类的学科基础。

科学家们自此摆脱了古代自然哲学那些诸如世界本原和运动源泉等问题的空泛讨论和模糊认知,专注于研究自然界各种物质的特殊属性和各种运动形式的特殊规律,并把研究建立在科学实验和逻辑分析的基础上,依据对实验观察所积累材料的系统分析和深入思考,对自然现象和科学问题提出理论上的解释和说明(科学假设和原理模型),并在严密设计的实验条件下验证其正确性,不断建立和完善人类的知识体系。这时的科学实验方法也已经被分化和独立出来,作为一种特殊的实践活动,成为近代自然科学赖以发展的可靠基础。恩格斯在总结近代自然科学的形成和发展时指出,现代自然科学与古代人的天才的自然哲学的直觉相反,同阿拉伯人的非常重要的但是零散的并且大部分已经无结果的消逝了的发现相反,其发展是科学的、系统的和全面的。

科学的兴起必然会提高人们的认知水平,开拓劳动生产的新视野、新境界,从而带动技术上的发展,解决“怎么干”和“干得好”的问题。事实上技术的发展要早于科学,技术也可以来自人类的经验。从严格意义上讲,自人类有了自觉的劳动生产以来,就有了技术改进的不断尝试。比如远古时代,人们就尝试用牛皮绳和石英砂切割和打磨精美的玉器,利用杠杆撬动重物,制造简易的弓箭射杀野兽等。只不过那时的技术还比较原始,还没有得到较多知识的滋养和科学原理的指导而已。自从有了科学,人们可以利用科学知识和原理,促进和指导开发新技术、创造新产品、拓展新服务,实现对大自然的有效改造、对新生活的不断追求。科学的发现总是为技术的发明提供逻辑构建和原理指导,而技术的进步又为科学研究提供方法和设备上的支撑和支持,进而推动相促进科学研究,从而建立起相互依存、相互渗透、相互转化的紧密联系。从近代人类文明发展的历程来看,科学与技术始终处于交互促进和伴生发展的过程中。电磁感应的发现,催生了电力革命;对原子结构的深入认识,推动和促进了核能应用;对生命物质结构和功能的揭示,促进了人类的医疗革命。这些都极大地促进了社会生产力的发展和人们生活水平的提高。

随着社会的不断发展与进步,科学与技术的联系越来越紧密,越来越趋向一体化。特别是随着现代科学革命和技术革命的兴起,许多新兴技术尤其是高技术的产生和发展,就直接来自现代科学的成就。由于科学技术化与技术科学化进程的双重驱动,深刻改变着传统的科学研究与技术创造模式。当代科学研究愈来愈依赖于先进实验技术研发及其成果的支撑,或者说实验技术的样式与水平决定着新科学事实的发现模式。500米口径球面射电望远镜对于天文学的发展、大型粒子对撞机对于高能物理学的研究莫不如此。随着当代技术研发向高精尖方向迈进,技术前沿领域的许多新属性、新规律也有待探究,形成了"技性科学"新形态。探索性的技术实验,既肩负验证技术原理与设计方案的使命,又承担发现科学事实、验证科学假设的任务,与科学之间的界限趋于模糊。与传统的自然科学不同,技性科学不是要说明和解释现存的自然现象,而是要通过技术创造揭示和阐释人们所创造的技术人工物的结构、属性、条件和过程,达到知行的统一或同步。高新技术的研发会开辟出一个全新的人工环境或领域,自然界中原本并不存在的新型技术人工物及其创建过程,开始转变为科学研究的新任务、新领域。随之而来的是新的学科门类大量涌现,学科的交叉融合加速演进,一大批新的"学科群"应运而生,科学与技术的内在统一和协调发展已成了当今"大科学"的重要特征。正是由于这些新特征和新变化,人们习惯上已经将科学和技术视为一体,进行一体化布局和一体化推动。

鉴于科技发展呈现出加速化、综合化、集团化、产业化、全球化的显著趋势,以及科技与人文交融、科技与社会互动明显加快,科技对人类社会的影响更加广泛且深刻,已经成为支撑和引领人类社会发展的能动力量。

第二节 科技创新的内涵、类型及路径

科技创新是原创性科学研究和技术创新的总称,是指创造和应用新知识、新技术、新方法,开发新工艺、新产品、新服务的能动过程。创新是科技的本质属性,一旦停止了创新,科技便会失去生命力和竞争力。只有通过持续的科技创新,人类社会才能逐步实现从必然王国到自由王国的发展。

一、科技创新的本质和内涵

从创新一词的定义来看,其内涵包括四个方面:一是发现,即从自然现象的观察中发现新现象,提出并延引成新猜想、新论断,进一步提升形成新理论;二是发明,即在对自然规律的运用中,建立新技术、新方法,进而去能动地改造世界;三是创造,是指利用新原理、新技术设计和研制新产品,以满足人们的新需要、新要求;四是创业,是将以上三种创新成果进行产业化的过程,实现各生产要素之间最优配置,并产生经济效益。这既包含了知识创新、技术创新、产品创新,也包含了组织管理的创新,其本质就是

通过人们能动的心智活动和实践活动,去不断提高认识世界的水平和改造世界的能力。而科技创新则重点突出知识创新和技术创新,是通过人类能动的科研活动去不断提高人类的认知水平和物质生产能力。其中知识创新是指提出新观点、新概念、新思想、新理论、新方法、新发现等科学研究活动,也包括开辟新的研究领域或以新的视角来重新认识已知事物等,可使人类知识系统不断丰富和完善,认知能力不断提高。而技术创新则是指利用科学知识和科学原理,创造新技术、新工艺,开发新产品,拓展新服务的过程。知识创新和技术创新两者相辅相成,共同构成推动科技发展进步的创新链条,而这个链条的高效运转涉及国家的政府、企业、科研院所、高等院校、国际组织、中介服务机构、社会公众等多个主体的共同推动,包括人才、资金、科技基础、知识产权、制度建设、创新氛围等多个要素的合力催生。只有创新主体和创新要素的高度协调和良性互动,才能构成推动科技创新的巨大社会力量,进而激发全社会自主创新和协同创新的巨大热情,从而推动经济社会的不断发展和进步。

二、科技创新的类型及路径

(一)从科技创新的动机来看

一种是兴趣和爱好驱动的创新,一种是社会需求和社会责任驱动的创新。前者多表现在对科学问题的探索上,是由好奇心激发的求知欲和逐步形成的兴趣引导,探索神奇的未知世界,破解未知的自然之谜;后者多表现在技术的发明和产品的创造上,重点是满足人类的社会经济和生活需求。两者共同推动着科技的繁荣与社会的进步。当然,科技创新的动机并不完全是单一的,在很多情形下，是多种心理因素的共同作用产生的。

(二)从科技创新的层级来看

可以把科技创新分为原始创新、集成创新、引进消化吸收再创新等。

所谓原始创新，是指前所未有的科学发现、技术发明等原创性成果，特别是指在基础研究和高技术研究领域中，所取得的独创性发现或发明。原始创新是最根本的创新，是无中生有、"从0到1"的开创式工作，最能体现人类的智慧贡献，也是一个国家科技水平和核心竞争力的重要体现。如我国古代的"四大发明"、治疗疟疾的青蒿素的发现、杂交水稻的培育等都属于原始创新的范畴。

所谓集成创新，是将各种相关的知识、技术或元器件通过创新性融合或创造性匹配，从而使新系统的整体功能实现新突破、新提升，形成独特的比较优势和竞争优势，这是"1+1>2"的工作。我国高铁能在短短十几年时间内形成如此强大的竞争力，关键就是集成创新做得好。高铁建设是个复杂的系统工程，具体包括施工建设、车辆制造、信号控制、运营维护等各个子系统。单拿轨道来说，又包括了路基、桥梁、隧道、钢轨、线路等各个组成部分，就连一个小小的扣件，都可能影响到高铁的安全运行。只有集成最优的技术和最好的部件，并把各个部分的功能都协调发挥出来，才能实现整体功能的提升和整体质量的跨越。

引进消化吸收再创新，是把现有的(可能是别人的)新方法、新技术、新材料，经过消化性吸收、适应性改造和补充式完善，移植应用到新领域、新场景或解决新问题。比较突出的例子是20世纪50年代初我国从意大利引进的小麦品种"蒙塔那"，该品种含有赤小麦矮秆血缘，有利于实现高产而又不倒伏。经过金善宝等一批专家的系统改良和适应性驯化,育成了小麦新品种"南大2419",该品种较原引进品种"蒙塔那"具有更强的适应性,且早熟抗倒,对条锈病、叶锈病表现高抗,穗大、粒多,稳产、高产。该小麦品种在长江流域大面积应用,年推广面积曾在7 000万亩(1亩≈666.67米²)以上,较当地品种普遍增产10%以上。

以上三类创新虽然层级不同,但对国家发展和科技进步来说,都是不可或缺的。一般原始创新的成功率比较低,代价比较高,故也就弥足珍贵,具有较强的普遍意义。有研究指出:原创性技术的成功率仅有5%左右,而在原创性技术基础上的集成创新成功率可提高到50%左右,引进消化吸收再创新的成功率可在70%以上。因此,不同的国家在不同的时期内,采取不同的创新策略都有其深刻的国情背景。比如在我国的工业化发展初期,由于底子薄、基础落后、缺课较多,更多的是要向发达国家学习,奋起直追,通过引进消化吸收再创新的方式来补课强基,通过集成创新的方式来增强发展力和竞争力。但随着综合国力的不断强大,我们要更多地聚焦在原始创新方面,更多地重视基础研究和颠覆性技术研究,实现科技水平由追赶到并跑,再到领跑的历史性跨越。

(三)从科技创新的烈度看

既有革命性、颠覆性的突破式创新,也有在改进和改良基础上的扬弃式创新。

突破式创新如爱因斯坦突破牛顿学说的局限,建立了相对论,颠覆了传统的时空观念;如数字技术取代模拟技术,掀起了一场互联网信息革命。再比如化学肥料的发明和使用,是对农业发展的一次伟大革命。这类创新能够帮助我们打开一个新领域,进入一个新境界,带动一批新产业。但创新的难度较大,需要大师级科学家的引领。

而扬弃式创新虽然在烈度上较前者低，但推广起来却相对容易一些。化学肥料代替了农家肥料是一场颠覆式创新，整整争论了几十年，才慢慢地被社会接受。而其后的化学肥料的剂型改良、氮磷钾成分的复配、缓释肥的出现等都属于改进和改良式创新，就比较容易被市场和消费者接受。

需要指出的是，无论哪一类创新，都是前人研究工作的延续，都是站在前人肩膀上的接力攀登。没有第谷多年来对天体的细致观察、数据积累，也就没有后来开普勒提出的行星运动三定律；没有笛卡尔的解析几何，牛顿就不能顺利发明微积分；没有伽利略、开普勒、惠更斯的研究成果，就不可能有牛顿力学的巨大成就。历次科技创新的重大进步，既表现出历史时代的必然性，也表现出具体事件的偶然性。所谓必然性是指任何重大的科技创新都是人类知识积累和学科发展从量变到质变的必然结果，也是对社会重大发展需求的现实响应。一旦旧的理论和技术成为新事实和新生产的制约，并阻碍科学技术的继续发展时，就一定会被打破，这是不以人的意志为转移的。从微积分的发明（牛顿从研究物理问题出发创立了微积分，而莱布尼兹从几何角度出发也独立创建了微积分）到非欧几何学的建立（数学家波尔约和罗巴切夫斯基几乎同时冲破了欧氏几何的平行公理羁绊，各自独立地创立了非欧几何学）；从无线电通信的发明（洛奇、特斯拉、波波夫和马可尼等都做出了独特的贡献）到飞机、汽车的创造（得益于多国发明家的辛勤创造），都无不说明科技大势的必然性和不可抗拒性。但就个体事件而言，又表现出明显的偶然性和随机性，至于花落谁家确实有运气的成分，但运气只青睐那些有准备的头脑，偏爱那些敢于创新又善于创新的科学家。

(四)从创新路径和方法上看

作为科技创新的两大领域,尽管知识创新和技术创新有加快融合发展的一体化趋势,但在创新路径和创新方法上,还是各有特点和侧重的。

1.知识创新

知识创新一般具有较强的理论性、抽象性、前瞻性、探索性和不确定性,俗话说真理无穷尽,探索无止境。研究工作既需要在前人的基础上接力前行,但又不能掉入前人的思维陷阱,时刻准备着另辟蹊径,甚至要敢于打破神话、否定自我,不断地去认识和接近真理。知识创新一般有以下几种路径。

(1)建立新联系

富兰克林通过著名的"风筝实验"揭示了轰鸣雷声和耀眼闪电的内在联系,弄清了"雷公"发怒的真相和本质,戳穿了长期以来迷信思想对人们的误导。摩尔根通过遗传学实验,建立了生物性状的分离与染色体交换重组的联系,发现了生物性状遗传的新规律。科学研究正是通过在复杂事物中不断地寻找和建立各种形式的新联系,否定某种虚假的联系,进而揭示其作用本质和变化规律,澄清认识的谜团。伽利略通过对自由落体的研究和实验,证明自由落体速度的变化与落体的质量无关,否定了亚里士多德关于"落体质量越大,下落得越快"的错误观点,揭示了自由落体运动的规律。门捷列夫通过研究元素原子量的变化(原子序数)与其化学性质变化的关系,发现了元素周期律;阿基米德通过研究圆的直径变化和周长变化的关系,发现了圆周率;东汉王充通过研究潮汐变化与月亮盈亏的联系,对潮汐现象做出了正确合理的解释。

(2)进行新分析

通过对物质世界结构、组成和功能不断进行深入的分析(包括定性的、定量的、物理的、化学的等),去认识和发现物质的基本属性及运动变化规律。如通过对物质分子、原子组成和结构进行深入分析,帮助我们认识了元素和化合物的理化性质,认知基本粒子的运动行为。通过对脱氧核糖核酸(DNA)的结构和组成的深入分析,揭示了生物遗传变异的深层次规律。通过不断地创建新的数学分析手段,去研究和揭示复杂系统的数量和几何关系。

(3)提出新概念

孟德尔通过豌豆杂交实验,首次揭示了遗传性状的分离和独立分配规律。他根据实验结果和逻辑推断,大胆地提出了遗传因子(基因)的概念,抓住了性状遗传的本质,否定了荒谬的混血(合)遗传。接着,遗传学家摩尔根通过果蝇的遗传实验,证明基因存在于染色体上,并且在染色体上呈线性排列。丹麦遗传学家约翰逊进一步明晰了基因的本质特征,从而建立了完整的基因遗传的概念,对生物遗传学的发展做出了划时代的贡献。达尔文提出的生物进化论也是具有革命性的创新性概念,它彻底颠覆了长期禁锢人们思想的"神创论"和"不变论"。这种知识的创新形式不仅需要对大量和必要的确凿事实进行深刻分析,更需要具备理论创新、概念创新的果敢和勇气。

(4)揭示新的自然现象及其规律

这种成果多源于对自然的观察和审视,研究和揭示其内在成因。人们早在古代就对杂种优势现象有了一定的了解,但比较清晰和系统地认识杂种优势现象的是达尔文,而对杂种优势成因开展深入研究并提出理论揭示的有多位科学家。1910年布鲁斯提出显性假说,1918年伊斯特提出超显性假说以及后来的上位性假说等,都为杂种优势规律的揭示做出了突出贡献。彗星的发现过程也是这样,1682年英国天文学家哈雷发现一颗特别明亮、拖着一条长长的尾巴的彗星。他仔细观察了它的位置,记录它的运行线路,并对比研究了1456年、1532年、1607年出现彗星的有关资料,经过精密的计算分析和认真比较,他判断这是同一颗彗星,且每隔75年或76年就会光顾一次地球,并预言这颗彗星还将在1758年再次出现,提前给出了它的运行路线。果然这颗彗星又在预定的时间和轨道上再次光顾地球,揭示了彗星运行的客观规律。

(5)提出新假说、新猜想或证明前人的猜想和命题

一些伟大的科学家往往具有惊人的前瞻性和科学的预见力,他们或通过自己研究积累,或通过对整体大势的把握,对一些重大的科学问题提出天才的猜测、假说和预判。许多重大科学发现起源于对前人的猜想命题的证实或证伪,如哥德巴赫猜想、黎曼猜想等,至今仍吸引着大批数学家为之奋战。中国数学家陈景润经过20年的不懈努力把哥德巴赫猜想的证明向前推进了一大步。爱因斯坦是公认的理论构想大师,根据他的广义相对论提出的黑洞猜想,也吸引着一代又一代的天文观测团队在茫茫的宇宙中持续探索。终于,在2019年4月10日,由世界上200多位天文学家组成的团队,利用多个毫米波望远镜拍摄了首张黑洞照片。2022年5月12日,国际合作团队又一次确凿证实和清晰记录了超大质量的黑洞存在。爱因斯坦关于引力波的预言,经历了众多科学家半个多世纪的努力,终于在2015年9月14日被发现和证实。最近中国科学家又成功地证明了凯勒几何的两大核心猜想,解决了国际数学界60多年悬而未决的命题。

(6)对原科学理论的再判断、再认识、再突破

对原学说的质疑和修正也是非常重要的研究创新领域。真

理具有相对性，它都有适用范围，如牛顿力学完美适用于视觉空间；而相对论则适用于更宏大的宇宙空间；量子力学更适宜于解释微观运动。对宇称守恒的质疑，发现了宇称守恒仅在宏观世界是适用的，而在微观世界弱相互作用下是不适用的。寻找理论的适用边界划分，拓展人类认知的新空间，对科学的贡献也是巨大的。

（7）在已有相关知识的基础上构建新学科、新学说

达尔文在对当时的地质学、植物学、动物学、古生物学、气候学等多个学科的知识进展进行详尽的研究和系统的掌握的基础上，把它们作为知识骨架，构建了"进化论"的理论大厦和学科基础。维纳从自动控制、电子技术、无线电通信、神经生理学、生物学、心理学、语言学、数理逻辑和统计力学等多种学科汲取营养，并将这些学科的相关知识有机融合，创立了"控制论"这一综合性的新兴学科。

（8）用新兴学科的理论、方法推进传统学科的创新发展

通过不同学科知识的相互借鉴，建立新的交叉学科和边缘学科等。如将现代化学分析方法和手段应用于生命过程（新陈代谢）的研究之中，就形成了新学科——生物化学，从而对揭示生命的化学过程起到巨大的推动作用。把偏微分方程用于几何和拓扑学研究之中，形成了几何分析的学科生长点，成功地破解了卡拉比猜想等。

2.技术创新

与知识创新相比较，技术创新则更注重实效，注重原型的启发，注重定向突破和综合改良，注重经济实用和方便高效。其创新方法和路径主要有如下几种。

（1）组合法

围绕某种新目标，把相关的技术和产品进行创新性组合或创造性拼接，以实现功能的提升或效率的提高。如把橡皮和铅笔结合在一起，方便了使用；把墨水和笔巧妙地结合在一起，发明了自来水笔；把收音机和录音机结合在一起，发明了收录机；把各种电子元器件按一定的规则集成到一个微型芯片上，从而发明了大规模的集成电路；把手机的通信功能和数字生活服务功能结合起来，创造了兼有电视、电话、电脑、相机等多功能的智能手机。

（2）启发法

受到别人的工作或自然现象的启发而产生的新的技术发明和产品创造。如福特公司 T 型汽车生产线的发明就是受了芝加哥的一个屠宰厂使用传送带传送胴猪的启发，从而将流水装配线大规模作业的技术理念用于汽车装配的过程中，研发出世界上第一台汽车流水生产线，代替了传统的手工制作，生产效率大大提高，使得 T 型车以低廉的价格走入了寻常百姓家。美国发明家赫曼·霍列瑞斯博士1888年发明的制表机穿孔卡技术（早期计算机的信息输入设备，第一次把数据转变成二进制信息），是受了提花织机工作过程控制的穿孔纸带技术的启发。瑞士发明家乔治·梅斯特拉尔发明的"搭扣"，则是受了牛蒡草刺果（又说苍耳果）的启发。一次，梅斯特拉尔打猎回来，发现自己的毛料裤子上和猎狗身上到处都粘上了难以清除的刺果时，他对刺果为何粘得那样牢固而感到新奇。于是他就用显微镜观察了一番，看见千百个小钩子紧紧钩住了狗毛和毛呢的绒面。他很快想到，如果用这一原理做成扣子，一定是举世无双的。后来梅斯特拉尔经过一番努力，终于发明了我们今天所用的不生锈、重量轻、可以反复清洗的尼龙搭扣（也叫"魔术贴"），广泛应用在服装、鞋帽、窗帘、椅套、医疗器材、飞机、汽车等诸多地方,成为应用最为广泛的发明之一。

(3)短板补齐法

根据木桶盛水受限于短板的原理,主攻最为关键的限制因子,努力补齐短板,提高整体功能和使用效率。瓦特改进蒸汽机的过程,就是不断补齐短板的过程。1763年有一台毁坏的纽科门蒸汽机,被送到格拉斯哥大学维修。这种蒸汽机是纽科门在18世纪初发明的,因其效率太低,燃料消耗又多,一般只有煤矿之类的采矿业才愿意使用。学校安排让瓦特修理,他花了两年的时间,找出问题的症结和短板,对两个关键部分进行了重新设计。一是加装一个水蒸气冷凝器,以弥补水蒸气在汽缸里冷却凝聚而过多浪费热量的重大缺陷,从而制成了有分离冷凝器的单动式蒸汽机,燃料耗费减少了75%;二是改单动式为联动式,采用了行星齿轮机构,使蒸汽机从往复运动变为旋转运动,效率提高了4倍。后来他又发明了平行连杆结构,使蒸汽机更具实用性,最终完成了对蒸汽机的整体突破,使性能优越的瓦特蒸汽机完全取代了老式纽科门蒸汽机,完成了一次机械动力的革命。

(4)试错法

在很多情况下,我们对当前解决问题的材料和方法,并没有多少把握,只有从试错中找到可行之路。电灯泡的灯丝材料的选择问题一直困扰着爱迪生,于是他就广泛试、大量试、不断试,试过的材料有6 000多种,从失败的实验中吸取经验和教训,最终完成了电灯的发明。"606"药剂的发明是欧立希和他的同事,通过对几百个新合成的有机砷化合物进行筛选实验,最终得到的唯一一个对梅毒和其他螺旋体病有治疗作用的药物。

(5)类比移植法

通过类比借鉴和仿生移植,去开启创新思路,开发新技术、新产品。生物光源照明灯的发明就是对萤火虫发光原理的模仿和借鉴,这种灯只产生不伤眼睛的冷光,既没有电源,也不会产生磁场,故特别适合做清除磁性水雷等方面的工作。仿照水母敏感而又特殊的听觉系统,人类发明了水母耳风暴预测仪。根据蝙蝠超声定位器的原理,人们发明了盲人用的"探路仪"。

(6)优化提升法(博采众长法)

风靡全球的松下彩色电视机是优化提升、博采众长的范例。日本人将世界各国生产的彩电尽可能地收集过来,对它们进行分析比较,测试鉴定出每一种零部件的性能,然后选取性能最为优良的零部件进行装配优化试验,最终生产出风靡全球的松下电视机。日本炼钢技术的提升也得益于博采百家之长。我国发明的侯氏制碱法,也是在吸收了其他制碱方法优点的基础上形成的新成果。

(7)物元变换法

即通过形体变换和要素置换实现技术产品的功能提升的方法。英国人哈格里沃斯和妻子珍妮以纺织为生,他们使用的手摇纺车纺纱的速度很慢,整天忙个不停,但效率却很低。一次丈夫不小心碰翻了纺车,使原本平躺着的纱锭变得直立了起来,被车轮带着旋转了起来。这给了他们灵感,要是并排使用几个竖立的纺锤,不就可以同时纺出好几根纱了吗? 于是他通过形体改造增加了纱锭的数量,发明了"珍妮纺织机"。事实上,对原有产品进行便利化、微型化、智能化变换是提升产品品质和普及率的有效途径。把吊钟、座钟变成便携式的怀表、手表,把台式电脑变成手提电脑和平板电脑,把照相机使用"傻瓜"化等,都是通过物元变换的方法实现的。

由于科技创新的类型和研究对象的不同,需要解决的问题更是千差万别，科技创新的方法和路径是没有定规的，需要具体问题具体分析，采取合适的研究方法和技术路线。研究方法和技术路线的确定可以由团队负责人或首席专家独立决断，也可以利用诸如"头脑风暴法"等集思广益，形成共识。可以形成一个明晰而具体的研究方案，也可以是原则性的指导方案。因为有些创新研究通常具有很大的不确定性，需要摸着石头过河，见招拆招，灵活施策；需要在研究中探索，在探索中总结，不断走出新路子。但就方法论层面来说，不管是知识创新，还是技术创新，都遵循着一定的规律。布莱恩·海格提出的科学 ATOM（Abductive Theory of Scientific Method）研究方法论，把观察到的新奇的经验现象和客观事实定义为 P，通过分析抽象和大胆想象，相关的知识体系 A 被联想激活与重组升华，从而提出科学假说 H，当用 H 理论设计新的验证实验或解释新的观察结果时，P 如果一定出现，则可以实证 H 的真理性；反之，则需要对 H 进行修正。苏联发明家根里奇·阿奇舒勒总结了大量科技创新的实践，提出的 TRIZ（俄语 Teoriya Resheniya Izobreatatelskikh Zadatch）法，即是从矛盾分析入手，致力于厘清系统中存在的各种矛盾，提出如何系统分析矛盾和破解问题的科学方法（如多屏幕法、物–场分析法等），以帮助人们快速确认核心问题，抓住和解决主要矛盾。随着科技创新实践的不断丰富和人们对科技创新规律认识的不断深入，科技创新的路径和方法也会随之不断发展进步，日臻走向完善。就指导思想来说，辩证唯物论应该成为我们科技创新的理论指导。钱学森先生认为，马克思主义哲学是人类认识客观世界的最高科学概括，所以也必然是指导我们科学研究的重要原则。他特别强调了辩证唯物主义对科学研究的重要指导意义。

三、科技创新与研究开发

科学研究与技术开发(研究与开发,简称研发或R&D),是实现科技创新的基本路径。科技研发是指各种研究机构、企业为获得科学技术新知识并运用科学技术新知识去革新技术、创新产品和开拓服务的系统性活动,是实现科技创新的实践过程。按研究的对象可分为基础研究、应用研究和开发性研究。基础研究是指认识自然现象、揭示自然规律,获取新知识、新原理、新方法的研究活动。应用研究是基础研究的后续,是针对某一特定的实际目的或学科目标以获得专门知识和方法等而进行的系统性研究。基础研究为应用研究提供科学原理和基本方法,基础研究的成果必须经过应用研究才能成为实际运用的具体指导。开发研究又称为发展研究,属于有明确实用目标的研究活动,是把应用研究成果应用到生产和工程上,获得新产品、新工艺、新方案、新设计等的研究活动,从而实现研究成果的商品化、实用化。基础研究好比大树的根系和主干,应用研究就像大树的分枝,开发研究则如同分枝上的花果。只有根系发达,才能枝繁叶茂,进而实现硕果累累。举例来说,只有做好植物生物学的基础研究、作物营养学的应用研究,新型肥料的开发研究才有了理论指导和科技基础。只有做好了普通遗传学的基础研究,才有利于植物遗传育种学这样的应用学科发展,那么新品种的选育和开发就有了理论指导和科技基础。如果不理解遗传学原理,不知道遗传物质的功能和属性,不清楚性状的遗传规律,育种学就会陷入盲目,品种选育也就只能靠碰运气,很难实现高水平、高效率、专业化的品种开发。所以说科技创新是一个系统工程,只有扎扎实实做好底层的基础研究和中游的应用研究,下游的开发性研究才有后劲和实力。当然下游通达顺畅,需求旺盛,也能反过来促进上中游的知识生产和方法创新。对于源头科技创新和颠覆性的技术创新来说,做好基础研究尤为重要,没有扎实的理论基础和先进的实验基础,要做出高水平的科技创新是非常困难的。因此,要持续有效地开展高质量的科技创新,必须大力加强整个创新链上的系统研发工作,合理地布局基础研究、应用研究和开发研究,使上中下游有效衔接,活络顺畅,协调互动,形成川流不息的科技创新活力。

联合国教育、科学及文化组织(联合国教科文组织)指出,基础研究的重大成果是一个国家或民族对世界文明的贡献,可以极大地促进源头创新和民族自信心,故要受到各个国家的特别重视。由于基础研究需要艰辛的探索和长期的积累,研究周期相对较长,成功概率低,具有较大的研究风险和不确定性。但同时它又具有不可或缺的基础性和高度的关联性,是整个科技创新体系的源头和总开关,一旦基础研究有了突破,就能对相关的学科的发展产生革命性影响。DNA双螺旋结构的解析对许多应用型专业学科都产生了革命性影响,许多疾病的遗传学原因被纷纷揭示,基因工程生产疫苗成为可能,基因编辑和基因治疗也行进在了实用化的道路上,农作物的基因设计育种也已取得成效,等等,其科学价值和应用价值是难以估量的。而美国的激光干涉引力波天文台项目(Laser Interferometer Gravitational - Wave Observatory,简称LIGO)是一个典型的基础实验性研究,经过科学家们多年努力,终于在2015探测到一个世纪前爱因斯坦预言的时空涟漪即引力波,这对人类的宇宙观将产生革命性影响。不仅如此,在引力波被探测出来之前,人们已经利用LIGO项目,在减震技术、激光技术和极低噪声技术上都取得了一些原创性成果,并将继续促进下游的应用研究和开发研究。

就科学（包括技术）研究的具体过程来看，通常首先要进行选题，这是科技人员从事研究的开端，选题不准，选题不好，创新研究就失去了目标、方向和价值。尤其是对自由探索的基础研究更是如此。有经验的科技人员往往会在研究课题的确定上下大功夫，努力从理论与实践的结合上，从主观与客观的契合上，从现实性与前瞻性的把握上，从个人兴趣和学科发展规律与趋势的要求上开展选题。通过认真周密的调研工作（包括文献调研和现实调研），去了解前人和同行的相关研究进展情况（包括缺陷和失败等），以确定有没有值得改进与突破的潜力与价值空间等。一旦确定了选题，就要根据研究的性质和特点，进行研究方法和技术路线的规划和设计，以确定研究的材料、实验的方法、对照（正负对照和空白对照）的设置等研究细节；大量地收集观测数据和实验结果，进行数据与结果的分析、定性与定量的分析、结构与功能的分析等；通过逻辑推理和科学抽象，创造性地提出概念、推论和假说，再通过有针对性的验证或模拟实验，对假说或推论进行证实或证伪，以实现认知上的新发现、技术上的新创造、原理上的新证明、知识上的新贡献。对得到的研究结果还要进行系统整理，以合适的表述形式予以发表、交流和传播，或在专题会议上进行书面或口头交流，或写成科技论文、著作公开发表，以取得学界、业界和社会的公认；或申请专利权、品种权、软件著作权等进行知识产权的公开和保护，以促进成果的应用和转化，推动社会的发展和进步。因此，组织好科学研究，科研项目和课题的正确确立，科研活动的高效组织和实施，科研成果的合理表达、恰当评价和高效转化，都直接关系到科技创新的成败和质量。

第三节　当今科技创新的特点

几百年来,经过一代又一代科学家和工程技术人员的不懈努力,科技创新有了长足的发展,已经形成了一种特殊的文化形式和文化传统。进入现代社会以来,随着仪器设备等装备水平的大幅提高,特别是国家力量的强力介入和全球化浪潮的推动,更使得科技知识的总量呈现爆发式增长,极大推动和促进了人类经济社会的快速发展。目前科技创新已经进入一个崭新的历史阶段,并表现出鲜明的时代特点。

一、科技创新的广度、深度、速度和精度显著加强

随着新一轮科技革命突飞猛进,学科交叉融合不断发展,科技创新广度显著拓宽,宏观世界大至天体运行、星系演化、宇宙起源,微观世界小至基因编辑、粒子结构、量子调控,都是当今世界科技发展的最前沿。科技创新深度显著增加,深空探测成为科技竞争的制高点,深海、深地探测为人类认识自然不断拓展新的视野。科技创新速度显著变快,以信息技术、人工智能为代表的新兴科技快速发展,大大拓展了时间、空间和人们认知范围,人类正在进入一个"人机物"三元融合的万物智能互联时代。生物科学基础研究和应用研究快速发展,科技创新精度显著提高,对生物大分子和基因的研究进入精准调控阶段,从认识生命、改造生命走向合成生命、设计生命。

二、科技创新的范式正发生着深刻变革

当今的科学研究也愈来愈依赖先进的装置和精密的仪器,愈来愈依赖互联网平台和互联网思维,愈来愈需要不同学科配合和大团队作业,愈来愈需要全球科学家的交流合作,愈来愈依靠国家力量的系统组织和有效推动。构建国家创新体系和各类公共创新平台,实现开放共享是大势所趋。通力打造大科学装置,吸引全球科学家共同参与研究是技性科学研究的通行做法;组织发起全球协作的大科学计划和大科学工程,已成为破解人类重大科技难题的有效途径。

三、科技创新与经济、人文深度融合

随着科技创新进入空前密集的活跃期、深度交叉的融合期和加速迭代的发展期,科技一体化、集群化发展正在重构全球创新版图,重塑全球经济结构,科学技术和经济社会发展也在加速渗透融合。科学技术从来没有像今天这样深刻影响着经济发展、人民生活福祉,甚至人们的价值观念和思维方式。

四、科技创新的高度组织化、产业化、体制化和国际化

从科技创新的组织和主体来看,经历了以个体劳动为主的"单打独斗"的初级阶段;以产学研合作等集体劳动方式为轴心,依靠资本驱动和团队协作的中级阶段;以国家创新系统为载体,依靠资本与国家力量双重驱动的高级阶段。科技创新的行为已经从过去的个人行为、集团行为上升到国家行为,并步入国家创

新体系建设的新阶段。所谓国家创新系统就是在国家的战略目标和总体规划引导下,科技体系各部门、各单位之间相互协作而结成的巨型创新网络,使科技知识的生产、交流、传播与应用过程高度组织化和体制化。

国际科技创新的交流与合作日益紧密。据世界知识产权组织的数据显示,由不同国家研究人员共同开展的科学合作份额已经从1998年的15%增至2017年的26%。人类第一张黑洞照片问世,得益于全球超过200名研究人员的共同努力。完成"上帝粒子"希格斯玻色子实验确认的欧洲核子研究中心,集聚了来自全球各地的数千名科研人员。素有人造太阳之称的"国际热核聚变实验堆"(International Thermonuclear Experimental Reactor, ITER)项目,则有多个国家的几千名科学家参与。科技的合作交流比以往任何时期都更加频繁、便捷和重要。

要想把握新一轮科技革命和产业变革的机遇,就需要统筹布局、协同发力,以强化国家战略科技力量为抓手,实现国家创新体系深度重构。要破除限制科技创新水平提升的体制机制障碍,提高科技创新资源配置效率,构建和强化国家实验室、国家科研机构、高水平研究型大学、科技领军企业等各路科技力量,推动科技、教育、产业、金融紧密融合,促进创新主体紧密合作、创新要素有序流动、创新生态持续优化,支撑我国在新一轮科技革命和产业变革中抢占先机,实现产业链、创新链的迭代升级。

第四节　科技创新与社会进步

人类文明的历史从一定意义上说,就是一部科技创新的历史。科技革命一直是产业革命的先导,社会经济发展的动力。18世纪蓬勃的力学研究和蒸汽机发明引发的动力和机械技术革命,极大地推动了纺织、炼铁、机械、铁路等工业的发展。19世纪电磁学和发电输电技术革命,推动了电力、石化、汽车和家电等工业的快速发展。20世纪的电子技术革命,推动了电子工业、计算机、航天、通信和自动化等产业的发展。21世纪以来的信息化和智能化革命(大数据、云计算、量子通信、人工智能和绿色技术等),推动了电子商务、物联网、智能制造(3D打印)、智能机器人、智慧城市、绿色能源和生物产业等的发展。科技的发展极大促进了社会生产力发展和经济的繁荣,而生产力的巨大发展和社会需求的不断扩大又加速了科学技术的进步。正是对外贸易和远洋运输的需要,促进了地理学和航海科学的发展;人类与疾病的斗争,促进了医学的发展;人类对通信便捷的需求,促进了信息科技的发展。正如恩格斯所说的那样,"社会一旦有技术上的需要,这种需要会比十所大学更能把科学推向前进"。

随着现代社会的到来,科技创新已经成了社会进步的第一驱动力,也是一个国家核心竞争力的集中体现。从经济发展来看,生产力的进步始终是保证经济运行和经济再生产的首要条件,也是主导国家经济命运的决定性因素。只有不断推进科技创新,不断解放和发展社会生产力,不断提高劳动生产率,才能实现经济社会的持续发展。通过科技创新,可以推动劳动资料和劳动对象的变革发展,为推动经济发展质量变革、效率变革、动力变革提供支持,为经济高质量发展培育新动能。通过科技创新,可以为生产力发展扫清技术障碍,解决关键核心技术"卡脖子"问题,在日趋激烈的经济竞争中保持发展优势。通过科技创新,可以部分替代或完全替代传统资源,改变要素组合方式,提高资源利用效益,实现节能减排和污染防治，有效推进产业转型升级，进而解决资源环境与发展之间的突出矛盾，为绿色发展赋能，为最终解决能源、环境、生态等一系列社会发展问题提供强有力的科技支撑，从而保障经济社会高效、协调、可持续地发展。特别是在世界百年未有之大变局加速演进的今天，抓住科技创新就抓住了牵动经济社会发展全局的抓手。无论是加快建设现代化经济体系，还是构建新发展格局，都离不开科技创新的支撑和引领。实现中华民族伟大复兴的中国梦，必须坚持走中国特色自主创新道路，面向世界科技前沿、面向经济主战场、面向国家重大需求，加快各领域科技创新，掌握全球科技竞争先机。

科技不仅是第一生产力，而且已演变为综合国力的核心竞争力。一方面，科学技术作为第一生产力，其发展状况标志着一个国家的经济与科技实力及其增长潜力，而经济和科技本身就是构成综合国力的主要指标；另一方面，当代科技成果全方位、多渠道、多层次地渗入社会生活的众多领域，改变了人们的生活方式、价值观念、思维方式、道德情操和审美情趣等，推进了社会的深度科技化建构，改善了综合国力的结构、要素和环节，从而促使综合国力得到全面提升。例如，作为综合国力构成单元的传染病防治能力，就取决于疾病防治系统和医疗系统的各个构成要素及其运作流程的科技水平。或者说，与这两个系统的构成要素、结构、运转环节相关联的科学技术越发达，传染病防治能力就越强大，进而综合国力也就越强大。从"科学技术是第一生产力"到"科学技术是核心竞争力"观念的深化，突显了科技对于当代社会发展和国际竞争的基础性或决定性作用。

第五节　日趋激烈的科技创新竞争

为应对激烈的科技竞争,世界各国纷纷制定促进本国科技发展的方略和政策,采取切实有效的措施促进科技创新发展。美国、德国等发达国家纷纷把科技创新提升到国家战略层面,出台了一系列发展规划和政策措施,试图快速增强自己的科技创新实力,力求在日趋激烈的国际竞争中掌握先机、占据优势。

事实上,美国早在20世纪初期就深切意识到科技发展对美国可持续发展的重要性,利用欧洲深陷"一战"和"二战"的艰难困境,大量吸引和网罗科技人才,加大对基础研究的投入和政策支持。当时罗斯福总统的科技顾问范内瓦·布什提出了一份报告,他向政府呼吁:"我们不能再指望被二战蹂躏的欧洲作为基础知识的来源。过去,我们致力于应用国外发现的基础知识。未来,我们必须更加专注于自己发现基础知识,因为未来的科学应用将比以往任何时候都更依赖于基础知识。"从此美国政府开始把"基础研究"作为国家战略并纳入国家科学研究活动的总源头。需要指出的是范内瓦·布什定义的"基础研究"与此前的"纯科学"的意义是不同的。对于科学家个人来说,自由探索的精神必须得到保护,科学家不需要有明确具体的商业目标,这一点是毋庸置疑的;但基础研究作为一个整体,又必须服从和服务于国家战略,并置于国家科研整体布局的源头和优先位置上,以实现强基础、促应用、兴产业的良性循环。这项"强基"计划切实地帮助美国繁荣了基础科技,奠定了美国20世纪世界科技的霸主地位。

范内瓦·布什特别强调,一个依靠别人来获得基础科学知识的国家,无论其机械技能如何,其工业进步都将步履蹒跚,在世界贸易中的竞争力也会非常弱。因此,政府应当承担起促进新的科学知识的产生和培育青年科学家的职责,要设计成立一批新的基础研究机构,保证其资金充足且充满活力,必须提供有吸引力的研究机会和足够的报酬以吸引最好的科学家。要通过科学教育,去发现适合从事基础研究的优秀学子,让他们脱颖而出。要关注因贫困可能无法完成学业的优秀学生,给予奖学金或助学金,以使他们不会因贫困而脱离了遴选的队伍。与此同时,美国还成立了国家科学基金会(National Science Foundation,NSF),承担起资助基础科学研究、改进科学教育、发展科学信息和增进国际科学合作等任务,该基金会对大学的稳定科研支持,对美国研究型大学建设起到了很大作用。20世纪60年代,美国又成立了由科学院(National Academy of Science,NAS)、工程院(National Academy of Engineering,NAE)和医学院(National Academy of Medicine,NAM)组成的国家科学院(National Academies of Sciences,Engineering,and Medicine,NASEM),其主要职能是为国家科技事务提供独立、客观的咨询建议。美国国家研究理事会(National Research Council,NRC)是NASEM的运营与项目管理机构,NRC每年都要组织包括三院院士在内的上千名专家学者,通过举办各种会议、开展调查研究、搜集和核实科技数据及资料等,为科技创新方向的确立和政策的实施提供决策咨询。美国还在1994年和1996年,发布了《科学与国家利益》和《技术与国家利益》两份报告,系统地提出了美国未来的科学技术政策,提出了美国科学和技术发展的五大目标以及实现这些目标的政策建议,从而在国家战略层面上为美国科技发展作了系统规划。正是通过加强基础研究,造就了21世纪最优秀的科学家和工程师,提高了国民的科学和技术素养,才使得美国在科学前沿领域始终保持着领先地位。

2005年美国科学院在给国会的咨询报告《站在风暴之上》中指出:随着高级知识在全球扩散和低成本劳动力的出现,美国在市场、科学和技术方面的优势受到侵蚀,如果不能强力巩固美国的竞争力基础,美国将很快失去卓越地位。报告主张通过科技高速发展,垄断高端市场,获取比较优势;以技术垄断、知识产权、环境门槛等,保持其优势。2010年,NAS、NAE、NAM三个最高学术机构再次向国会、总统提出咨询建议,进一步强调了这一观点,而且声称"要迎接飓风的到来"。

2007年,美国总统签署了《为切实推动一流技术、教育与科学创造机会法2007》,这一法案的主旨是要加强美国创新战略,并把国家科学基金会经费从2006年的56亿美元增加到2011年的112亿美元。其后《国家创新战略2009》《国家创新战略2011》《国家创新战略2015》等三个不同年度的版本,一次比一次力度更大,强化了顶层设计和产业基础的相互呼应、创新要素与国家战略相互衔接的设计理念。随着不同学科的交叉融合,产生越来越多的科学重大突破与新生长点。NSF 2018年发布的战略规划将"发展融合研究"作为重点支持的方向之一。2019年美国又提出了"关于发展未来产业相关新兴技术的计划",旨在通过持续的技术创新带动未来产业的重大突破。

日本也在1995年颁布了《科学技术基本法》,提出将"科学技术创造立国"作为基本国策,强调要重视基础理论和基础技术的研发。根据《科学技术基本法》要求,日本政府于1996年制定了第一期《科学技术基本计划》(1996—2000),以求全面提高日本科技的整体水平。2001年,日本政府出台了第二期《科学技术基本计划》(2001—2005),提出将生物技术、信息技术、环境技术和纳米技术作为4个重点发展领域,并对确保"四领域"发展所需战略资源(人才、资金、设备)进行了具体的落实;还提出要通过科技体制改革,构建富有活力的企业、国立科研机构和大学的合作研发体系以及成果转化体系。2006年,日本开始实施第三期《科学技术基本计划》,持续增加对生命科学、信息技术、环境科学以及纳米和材料科学的投入。在2016年开始的第五期《科学技术基本计划》中,提出了"社会5.0"的概念,提出要最大限度地发展现代通信技术,通过虚拟与现实的高度融合,推动经济社会的快速增长。接着在《科学技术创新综合战略2016》和《科学技术创新综合战略2017》中提出了建设16个系统数据库的战略任务,以推动数字化和智能化产业的快速发展。

法国在2003年出台了《国家创新计划》。该计划鼓励创建高新技术企业,强调要加强企业与科研部门的合作,提高企业的研发能力,并确定到2010年科技研发投入占国内生产总值3%的目标要求。2005年,法国政府又出台了"竞争点"计划,旨在对有潜在竞争力培育前景地区的企业、培训中心和研究机构的优势进行整合,组成合作伙伴,发挥优势互补的作用,共同开发以创新为特点的前沿项目,用以点带面的方式提高法国的技术创新水平,从而推动法国经济的发展。

德国在2003年出台了"2010年议程",要求在其后的10年里,科技研发投入强度不低于国内生产总值的3%,同时进行科技体制改革,对科研机构进行优化重组,将研究方向、内容相似或有互补性的研究所合并,在科研经费的分配上引入竞争机制,以提高重点研究领域的创新能力。2004年1月,德政府正式启动"主动创新"战略,其核心内容是促使产业界和科学界联合起来,在研发领域结成创新伙伴,从而研发出更多的高新技术产品。并于2005年6月正式实施了"顶尖科研资助项目"以及《研究和创新协定》,投入巨资培育一批世界一流大学,建立一批世界顶尖的研究中心。德国在2010年公布的《高技术战略2020》中明确提出工业4.0计划,旨在加强未来产业的科技研发。

1994年以来,英国先后公布了多份以科技创新为主题的白皮书和行动计划,全面阐述了英国在21世纪的科技创新战略。以期在全球经济竞争日趋激烈的环境下,应对知识型经济的新挑战,保持科技发展上的竞争力。2019年英国工业和物理科学研究委员会批准在全国成立13个未来制造业研究中心,以加快研发布局。

新冠疫情以来,世界各发达国家更是纷纷将科技创新作为提振经济、加速发展转型的根本动力,加强国家导向,聚焦数字化、绿色能源、公共卫生等重点领域,积极对相关基础研究和关键核心技术进行前瞻部署,以确保高质量的知识供给,维护技术主权,保障人民身体健康,助力数字化和绿色化双重转型,塑造发展新优势。特别是随着新冠疫情的肆虐和国际竞争形势的日趋严峻,主要发达国家纷纷强化关键技术领域的领先优势,维护技术主权和安全。2020年10月,美国发布《关键与新兴技术国家战略》,强调发展20项对经济增长和国家安全至关重要的关键技术,通过加强技术管控和全球联盟确保美国在人工智能、能源技术、量子信息科学、通信和网络技术、半导体以及空间技术等尖端科技领域的领先地位。2021年3月美国众议院科学委员会提出了《美国国家科学基金会未来法案》,提出投入726亿美元的计划来推动法案的实施。2020年7月,英国发布《研究与开发路线图》,提出要保障人工智能、量子技术和机器人技术等变革性新技术的研发位居全球前列。2020年9月，法国公布"法国复兴"经济复苏计划，投入110亿欧元支持网络安全、云计算、量子技术、人工智能等数字关键技术和数字健康、生物疗法等健康关键技术。2021年4月，德国发布《以技术主权塑造未来》，明确在通信技术、软件和人工智能、数据技术、量子计算机、氢能源等领域实现技术主权。2021年3月，欧盟委员会发布《欧盟新工业战略》，提出要增强欧盟的战略自主权，通过关键技术审查、供应链多样化、支持战略产业联盟、成员国联合攻关等多种措施，应对欧盟对域外产业与技术的依赖。

除了国家对科技创新的整体部署和战略谋划以外，他们还针对现代科技发展的全球化趋势，积极开展国际科技创新中心建设，以现代化的开放平台吸引全球高技术人才，以灵活高效的体制机制，形成富有活力的创新生态，实现资源和要素充分碰撞集聚，塑造产学研联动发展的新优势。

与此同时，西方科技强国还通过组织发起大科学计划和大科学工程，促进全球创新资源向本国集中。由美国牵头的人类基因组计划，调动全球多个国家的上万名科学家合力攻关，绘制出人类第一张基因序列的草图，为增进人类对健康的认识和治疗人类疾病指明了方向，其潜在的健康医学价值不可估量。建在法国的国际热核聚变反应堆计划，更是集中了全球最广泛的相关优质资源，就热核聚变的技术难题开展协力攻关。

第二章

科技创新的过程、要素分析及成果评价

第一节　科技创新过程分析

一、从问题导向看科技创新的过程

很多科学发现、技术发明都经历了一个"发现和提出问题、分析和研究问题、科学地解释问题和完美地解决问题"的创新历程。

所谓发现和提出问题就是通过敏锐的洞察、细心的观察、全面的调查和深入的体验，从现实中发现问题，从疑难和矛盾中提出问题；分析问题就是把收集到的问题线索、观察到的事实存在、检测到的数据参数等进行系统地梳理和归纳，去粗取精、去伪存真，由此及彼、由表及里地深入分析和联系思考，通过用心地研究、积极地思辨和合理地推测，确定问题的本质、根源和成因，在错综的矛盾中找出主要矛盾和矛盾的主要方面；从一系列复杂的联系中寻找事物运动变化的规律；解决问题就是根据问题的特殊性质和演变规律，利用已有的或自己独创的理论、概念、知识、技能等去有效地破解难题、解决问题，实现认知的飞跃和实践的进步。

对科技创新来说，提出问题是科研工作的开始，是解决问题的前提。爱因斯坦说过，"提出一个问题往往比解决一个问题更重要，因为解决一个问题也许仅是一个科学上的实验技能而已。而提出新的问题、新的可能性，以及从新的角度看旧的问题，却需要有创造性的想象力，而且标志着科学的真正进步"。科学的发展总是在解疑释惑中不断前行，从一个接一个科学问题的解答和技术问题的解决中实现认知和实践的飞跃。俗话说,"真理总是产生于一百个问号之后""从问号中得到的启示远比从句号中得到的多""发明千千万,起点在一问"。正是通过研究和回答"我们生活的地球是什么形状? 太阳、月亮等天体和地球的关系如何? 一年四季是怎样形成的?"等问题,才产生了天文学。正是通过研究和回答"人体有哪些器官? 这些器官对生命的意义以及它们是如何协同工作的? 人为什么会生病? 怎样才能治疗和预防疾病?"等问题,才产生了医学。放眼无限星空和纷纭复杂的世界,人们会不断地提出问题,一个问题得到了解决或得到科学的回答,又会联想产生出一些新的问题,又迫使人们进行新探索、新思考,人类知识和技能就这样积累起来了。有些问题即使暂时得不到完美的解决和科学的回答,但对学科发展的推动和引领作用依然不能小视,如数学领域的哥德巴赫猜想、黎曼猜想等,就引导着一批又一批的数学家为之奋斗终生。

随着科学的高速发展和人类知识的海量积累,要发现和提出一个具有重要科学价值和实践价值的新问题、好问题,不是一件容易的事情。特别是提出那些"能够引领人类认识和实践走向的重大问题"更是不易。除了要求研究者有强烈的问题意识,还要细心和敏锐,要有开阔的视野、非凡的见识、良好的洞察力和直觉力;同时还要具有批判思维能力,敢于冲破传统观念、挑战权威、大胆质疑;当然更要有一颗对科技的热爱之心和对探索未知的巨大热情所激发的求知欲和想象力。既要善于从理论与实践的结合和联系中去发现问题(如发现既有的理论与新的现实出现的矛盾),又要从事物的矛盾和变化中发现问题(如从例外和失败中发现和寻找问题),更要善于从看似一般、司空见惯的"寻常"中发现和提出非同寻常的问题。

青霉素的发现就来自于对一次"失败问题"的彻查。英国人弗莱明发现自己培养葡萄球菌的平板培养皿被一些杂菌污染了，这在细菌培养中是最常见的"失败"，通常都是废弃消毒后，重新接种培养一批了事。但弗莱明却很认真，他在细心检查污染情况后，发现个别培养皿在污染的青霉菌周围形成一个个小的抑菌圈。凭着敏锐的专业洞察力，他马上注意到青霉菌与抑菌圈关系的问题。经过严密的实验，证明是青霉菌分泌的青霉素杀死了葡萄球菌，从而在青霉菌的外周形成了一圈抑菌环。既然青霉素具有杀死细菌的作用，那么他马上就联想到一个新问题"是否能够用来杀灭人的致病细菌，从而用于细菌感染性疾病的治疗呢"，于是他通过与英国的病理学家佛罗理和德国的生物化学家钱恩等的共同努力，最终证明青霉素可以用来治疗人类的某些细菌感染。进而建立了从青霉菌培养液中提取青霉素的方法，挽救了成千上万人的生命。基于此，他们3人共同获得了1945年的诺贝尔生理学和医学奖。

海王星的发现也是源自于对"异常问题"的用心。自从1781年英国天文学家赫歇尔发现太阳系第七颗行星（天王星）之后，科学家们便开始研究天王星运行的轨道，在研究过程中，人们发现天王星运行轨道和计算出来的轨道不完全一致。是什么原因呢？问题出在哪里？其中的一种可能是，在天王星的外面还有一个星体，由于这颗星的引力作用使得天王星的运行轨道和计算结果产生了偏差。英国剑桥大学有一个名叫亚当斯的学生，对这个"异常"穷追不舍。他根据力学原理，经过两年的努力，计算出了影响天王星运动轨道改变的参数，并推断出了海王星的存在。接着法国天文学家奥本·勒维耶又进一步推算出海王星的准确位置。柏林天文台的约翰·格弗里恩·伽勒根据他们的计算结果最终观测发现了这颗新行星。

下水道水口的水流总会出现涡旋现象，是一个再寻常不过的现象，几乎没有人会把它当成一个"问题"去思考和研究。然而就有那么一位极富科学眼光的物理学家——卡皮罗，却发现了其中不寻常的研究价值。他每次洗澡后，总是小心地拔开底塞，静静观察水体涡流的过程，经过反复揣摩，他认为一定有一个神奇的力在起作用。后经过大量的研究，一位叫作科里奥利的法国科学家认为有一种叫作"复合离心力"的力在起作用（又被称为"科里奥利力"）。当时给出的解释是由于洗澡盆处于地球的匀速转动参考系中，水流受重力的作用向下运动时，同时又受到"复合离心力"的推动，随之出现了逆时针（北半球）涡流现象。后来的研究证实，我们日常生活中出现的卡皮罗现象，大多还是由容器结构决定的，科里奥利力不是主要影响因素。但科里奥利力对洋流和大气环流等大规模的流体运动影响却是非常重要的。这个由于对司空见惯自然现象的关注所引发的系列科学研究的事例，是值得我们铭记和弘扬的。

产褥热病因的发现虽然有些偶然，但也是建立在敏锐发现问题和大胆提出问题的基础上的。19世纪的欧洲，医学还不甚发达，不少产妇分娩之后会染上一种致命的疾病——产褥热，患者先是出现寒战、高热等症状，最后挣扎着、呻吟着，悲惨地死去。面对经常发生的人间悲剧，出生在奥地利的依格那茨·菲力浦·山姆威斯医生感到无比的忧伤和内疚，他决定追查死亡真相。经过一段时间的调查，他发现在第一产院（医学院的实习医院）分娩的产妇和新生儿因产褥热而死亡的比例高达18%，而培训接生员的第二产院中的产妇和新生儿因该病死亡率（2.7%）明显少于第一产院，甚至在家中分娩的妇女患产褥热的概率都比第一产院小。

这一问题背后的原因是什么？他敏锐意识到这个病可能与治疗环境及医疗人员有关,于是就格外留意观察和收集有关信息。直到有一天他的一位医生同事因解剖产褥热死者尸体时,不小心割破了自己的手指,结果也出现了和产褥热患者的类似症状,最后也悲惨地死去。受这一事件的启发,他经过慎重的研究和思考,最终断定是医生和实习生经常做完病理解剖后,没有进行彻底地消毒就进入病房为产妇检查或接生,而将某种传染性的物质带进产妇创口,最终导致发病。因此,他严格要求医生和学生在检查产妇的前后,一定要用漂白粉溶液彻底把手洗干净。实施这种做法后感染死亡率一下子从原来的18%下降到2.45%,产褥热病高发的情况基本得到控制。

由此看来,只要我们处处留意,心中有科学,脑子肯思考,不放过任何异常和例外,就一定能从中发现科学问题。我国著名地质学家张文佑院士在《和青年同志谈谈科研工作的体会》一文中,将提出问题总结为"抓住三个不同":一是自己在不同的条件下得出的不同认识和经验;二是自己和他人的不同认识和经验;三是他人之间的不同认识和经验。只有通过认真比较事物在不同观察主体、不同条件下和不同发展阶段上的异同与联系,才能发现和找到科学问题,凝练出研究项目。从矛盾论的角度来看,就是要格外留意传统理论与新实践的矛盾,实验结果与理论期待之间的矛盾;不同理论或假说之间的矛盾;不同研究者实验结果间的矛盾等。从实践论的角度来看,实践是发现问题的源泉,不光要注意自己的实践,也要关注前人或别人的实践,从实践中提出问题,在实践中检验我们对问题的认知和解决方案的正确性。离开了社会实践,科学就失去了动力、源泉和基础。科学就是在"实践—认识—再实践—再认识"的循环中发展起来的。注意从实践中发现问题,是一个负责任的科学家的本色。巴斯德正是从生活中啤酒变酸和生产上蚕病流行这些现实问题入手,经过一系列的分析研究,最终找到问题的症结和致病的元凶,从而建立了微生物科学学说,给我们树立了榜样。我们强调实践的作用,并不是要怀疑和否定理论思维对发现和提出科学问题的巨大作用,恰恰相反,没有经过理论概括和思考的问题往往是粗浅的问题,没有科学理论指导的实践是盲目的实践。我国著名的地质学家李四光,是理论指导实践的典范。他把力学理论引进地质学应用的实践中,提出"新华夏沉降带找油"的新方法,为中国寻找石油做出了不可磨灭的贡献。

发现问题不是研究的终结而是研究的开始。对问题透彻而深刻地分析和理解,在任何情况下对解决问题都是至关重要的,通常的分析方法有:①问题的分解和演绎法。即把大的问题分解成若干个小问题,把大系统分解成若干个子系统,分层次、分步骤,由简单到复杂、由浅入深地加以研究、剖析和推断,逐渐逼近事物的深层次本质。②总结归纳法。对问题线索进行整理、比较、归纳、总结,形成整体的认识,并抽象成一般概念。③定性和定量的分析法。通过数学分析、理化分析等现代分析检验和计算手段,确定事物的性质、数量变化特点和特殊运动规律。④矛盾分析法。分析问题的矛盾现象和矛盾运动,主要矛盾、次要矛盾和矛盾的主要方面,矛盾的斗争和转化过程。⑤实验分析法。在人工控制的条件下,借助精巧的设计和精密的仪器等,进行模拟分析、拟合分析、条件分析、类比分析、试错分析、结构与功能分析等,以揭示问题的条件关系、因果关系、主次关系等,最终确定问题的本质和因由。⑥逻辑思辨分析法。从客观事实、观测数据、分析资料等出发,借助逻辑思维、辩证思维、抽象思维和形象思维的力量,建立联系,提出假说和设计方案等,以实现对问题的科学解释,理论阐述,进而提出解决问题的路径和方案。⑦系统分析法。运用系统论、控制论、信息论等系统分析工具,对系统的结构和功能、信息的输入和输出、要素的变化与系统控制等进行深入的研究和分析,借鉴以往对类似问题的分析成果和研究经验,实现对现实问题发展的模拟和动态研判。

　　下面以一个"香榧生产研究的实例"作为我们分析认识问题的借鉴。我国浙江会稽山是出了名的香榧产区。过去产量一直很低,20世纪60年代初期,每亩年产青果500千克左右。经过初步调查,主要是结实率不高,有些香榧树几年甚至十几年都不结实,有些虽然结实,但年度间产量波动很大,问题的原因何在?经与当地农户座谈,大家众说纷纭,有的说是受到村里炊烟熏燎的缘故;有的说是由于这里春天多雨的原因而造成的光照不足;有的说是肥力不济,等等。主要原因究竟是什么,科技人员一方面查阅以往的气象和土壤资料,一方面深入到丛林中,进行了仔细的观察和研究,发现有的香榧树(雄树)只开黄豆状的雄花,自身不结实;而紧靠它周边开着小米状雌花的香榧树(雌树),却能够正常结实,而远离雄花的雌树,结实率也很低。经过仔细分析,推测其主要原因可能是授粉出了问题。于是他们进行了人工授粉实验的验证,果然结实率大大提高。至于其他那些诸如光照、土壤肥力、春季雨水较多等问题虽都对结实率产生了一些影响,但都不是问题的关键。找到了主要矛盾,就能够对症施策,他们通过优化雌雄株的比例和布局,全面采用人工辅助授粉,再结合改良土壤、减除荫蔽,就大幅度地提高了产量。在技术推广的过程中,他们十分注意做好宣传动员和科学普及工作,先易后难,因地制宜、因情施策,有针对性地帮助果农解决技术应用的困难,很快就解决了问题,实现了普遍的增产增收。

调查分析问题好比十月怀胎,解决问题就是一朝分娩。解决问题不光需要才识、经验和技巧,更需要耐心、细致、务实的作风和认真负责的态度。上述事例正是通过周密的调研、细致的观察、科学的分析、大胆的推(猜)测、实践的验证,最终实现问题的有效解决,是一个复杂而又连续的过程。事实上,在解决重大科学问题的过程中,往往会受到许多不可预见因素的影响,可能会走弯路,要实现问题的真正解决,绝不是一件容易的事,有的要穷其一生,有的甚至需要几代人的努力。哥白尼在弗劳恩堡一座简易的天文台上观察研究星体运行20多年,才完成了巨著《天体运行》,科学回答了天体运行的重大理论问题。门捷列夫对60多个化学元素反复比较研究和琢磨长达20年之久,才解决了元素周期律的问题。达尔文穷其一生才完成物种的进化论学说,科学地回答了物种起源的问题。爱迪生发明电灯的研究,仅灯丝的选择就实验了上千种材料,最终靠耐心和坚持成功解决了问题。而哥德巴赫猜想的问题耗费了几代天才的心血,至今仍在持续的研究中。

有时面对复杂的、交叉重叠的科学或技术难题,往往需要进行科学的统筹和权衡,有时需要直接抓住主要矛盾,直逼要害,釜底抽薪式解决问题。有时需要先易后难,因势利导,以抽丝剥茧的方式从外围率先突破,再图全面解决问题。这在医疗救治的技术方案的选择上比较常见,有时不光要考虑患者疾病的本身而进行对症施治,还要依据病人的体质、基础性疾病、既往病史等具体情况,因人而异地采取更加灵活有效的救治方案。往往那些头痛医头、脚痛医脚的治疗方案,并不能收到理想的救治效果。

其实,科学意义不光在于有效地解决当时或当地的问题,更要从经验上升到理论层面,进行科学的抽象,找出普遍联系和规律性的东西,以指导更广泛的人类实践。曹冲称象和阿基米德鉴定皇冠中金子的成色,从本质上都属于运用浮力来解决问题。

曹冲称象说的是曹操得了一只大象,问计大臣们如何能称出这个巨型动物的重量?大臣们有的说:"只需造一杆很大的秤来称一称就知道了。"马上有人反驳说:"这要造多大的秤呀?再说就算造的出超级大秤,谁又能提得起呢?"大家议论纷纷,没有定论。这时曹冲说出了他的办法:"只需叫人把大象牵到船上,等船身稳定了,在船舷上齐水面的地方刻上一条划痕。然后把象牵下来,把岸边的石头一块块地装上船,等船身沉到刚才刻的划痕时,把船上的石头分别称上一称,所载石头重量之和便是大象的重量。"从而简便快捷地解决了称象的难题。

无独有偶,公元前3世纪的希腊物理学家和数学家阿基米德也遇到了类似问题。他受命在不损坏皇冠的前提下,鉴定皇冠加工中金子里有没有掺假。他花了很长时间,一直没有找到合适的方法。直到有一天,他在浴室洗澡,当身体慢慢沉入澡盆时,盆里的水不断溢出盆外。他灵机一动,认识到浮力的作用,并把它运用到测定皇冠是否掺假上。在成功地解答了国王的问题后,他没有就此止步,而是又经过多次实验和抽象思考,得出了"物体浸入液体所受到的浮力,等于它所排开液体的重力"的科学结论。

事实上,曹冲和阿基米德之间只差一步,一个停留在经验层面,一个却转变成了知识和原理,这足以显示了科学研究的光辉和抽象思维的力量。

需要特别指出的是,看待问题的立场和角度可能会影响我们对于问题的理解和判断,最终可能会影响解决问题的方向和成效。正所谓"横看成岭侧成峰,远近高低各不同"。科学的方法论要求我们要站在客观、全面的立场上去看待问题,用运动的、变化的、联系的眼光去辩证地看待问题,善于倾听对同一问题的不同意见和看法,集思广益,提出正确的研究方向和解决问题的路径。

二、从心理和认知角度看科技创新的过程

科技创新既是一个问题导向的研究过程,也是一个特殊的心理实践过程。整个过程包括认知过程、情感过程和意志过程,这三个过程既互相区别又互相联系,在时间上具有延续性。认知过程是指人在认识客观世界的活动中所表现的各种心理现象,如感觉、知觉、记忆、思考、想象等;情感过程是指人认识客观事物时产生的各种心理体验过程,如兴趣、喜爱、专注力等;意志过程是指人们为实现研究目标,努力克服困难,完成任务的决心,包括耐心、毅力和坚持精神等意志行为。

科技创新的心理过程,从逻辑上讲,首先由对未知世界的好奇心、求知欲产生的兴趣指引,以及对社会的责任感和对真理的热爱崇尚之心,催生了科技创新的冲动和欲望,使之全身心地投入到科学研究之中。科学研究工作通常从观察和感知开始,在对自然现象和物质运动变化的观察、测量和全面深入地了解的基础上,对所能掌握的客观事实和观测资料进行详尽的比较、鉴别、分析、归纳、推理和判断,借助抽象思维和形象思维的力量,提出概念、假说和解释;然后再举一反三,进行严谨而又科学的实验证明,在实践中不断丰富和发展科学理论,从而帮助人们去认识和改造客观世界,推动人类社会的繁荣和进步。从认识论上看,一个科学结论的获得需要从感性认识上升到理性认识,需要接受实践的检验并不断地丰富和完善,不断接近真理。创新心理过程就

是主客观的统一、理论与实践的统一、猜测与实证的统一过程。从科学创新的方法来看，正像法国哲学家狄德罗所指出的那样，"我们需要三种方法：一是对自然的观察，通过观察，收集事实，对自然的观察应该是专注的；二是通过思考，把观察到的事实综合起来进行思考，思考应该是深刻的；三是通过实验来验证综合思考的结果，实验应该是精确的"。这是一个连续、渐进的探索过程，在这个过程中既需要智力要素（或称作智商），如观察力、记忆力、联想力、归纳力、判断力、想象力、分析力、鉴别力等，也需要情感和意志等非智力因素（或称作情商）。情感自始至终地伴随着整个认知过程的全部，并影响着认知时的情绪和心态，如主动性和专注性等；意志是较情感更成熟、更持久、更理性的心理意向。因此，意志对认知过程和创新思维的影响更强烈、更久远。意志和情感都属于创新心理中不可或缺的力量，它决定了一个人的事业心、责任感和工作态度等。一个人攻坚克难的勇气、持之以恒的毅力、坚持真理的自信、开放合作的精神等，都是完成科技创新工作的必要心理条件。

大量科技创新的实践证明，科技创新固然离不开卓越的智力劳动，但在很多情况下，非智力因素（感情意志因素）起着更重要的作用，由理想、热情、勇气和自信共同构成的积极向上的心理状态，无论什么时候都是创造力的激发器和动力源。我们很难想象一个目标意识淡薄、工作懈怠、畏首畏尾、患得患失的人能有什么创造力。著名科学家弗里奇指出，"对科学热爱、聪明的资质、内在的干劲、勤奋的工作态度和坚韧不拔的精神，这些都是科学研究成功所需要的条件"。

国学大师王国维用三句宋词来描述做学问的心理历程。第一层是"昨夜西风凋碧树，独上高楼，望尽天涯路"，比喻学者确立了明确的人生目标和研究方向，有登高望远之企盼。第二层是"衣带渐宽终不悔，为伊消得人憔悴"，表明学者为了奋斗的目标进行着孜孜探求和苦苦思索。第三层是"众里寻他千百度。蓦然回首，那人却在，灯火阑珊处"，形容学者在经历了一番艰苦努力后的灵光乍现和顿悟的惊喜。

在科技创新上，我们把第一层又叫作"准备期"，是为创新创造所进行着的各种准备。包括兴趣的培养、目标的确立、实践的锻炼、知识的积累和现实的体验，这些都是创新的基础。爱因斯坦曾说过，"创造一个新理论并不像是摧毁一个旧谷仓，然后在原地建一座摩天大厦。它更像是在攀登一座山，获得了新的、更加宽阔的视野"。只有打好基础，选准路径，志存高远，才能登上科技的高峰。

第二层是"创业期"，是目标定位后的集中研究和攻关。科技创新需要强大的学习和思考能力，又需要出色的实验和实践能力，更需要丰富的想象力和良好的直觉力。这一时期的耐心和坚持是成功的关键。正像马克思所说的那样，"在科学的道路上没有平坦的大路可走，只有在崎岖小路的攀登上不畏劳苦的人，才有希望到达光辉的顶点"。

第三层是收获期，也是"灵感爆发期"，是百般研究、千般思考后的豁然顿悟和灵感爆发。灵感是对某一问题长期思考以后突然产生的思想火花，偶然建立起的内在联系通道。爱因斯坦说他的创新思维活动"产生于有一种能用文字或其他符号来与他人交流的逻辑结构之前"，这就是一种灵感。灵感通常产生于全神贯注思考问题之后的不经意间或意识蒙眬之中。德国化学家凯库勒长期思考苯的化学结构，尝试了多种猜测和努力，总也不能圆满地解释既有的实验事实。直到有一天，他实在是太累了，在打眠的时候,朦胧中看到一条小蛇的头部咬住尾巴在不停地打转,惊醒后顿悟出苯的环式结构。这种灵感来自于长时间思考后的联想顿悟和类比启示。

也有人把科技创新的历程比喻为,在漆黑无尽的山洞中前行,你除了要做好充分必要的准备(如知识的准备、装备的准备、克服困难的心理准备等),还需要依靠人类特有的智慧火炬(理性和逻辑思维、形象思维、数学运算和实践能力),经常是经过漫长的潜行,渐渐听到涛声,在无限欣喜中,以为出口在即,但随即发现,这一出口又把你引入了一个新的迷宫。只有在"火炬"的指引下,镇定前行,永不言弃,才能在"山穷水复"的迷茫中,看到"柳暗花明"的崭新境界。正如王安石在《游褒禅山记》中所说的那样,"入之愈深,其进愈难,而其见愈奇""而世之奇伟、瑰怪,非常之观,常在于险远,而人之所罕至焉,故非有志者不能至也"。有智而无志者则不能行远,唯有智勇双全、坚持不懈者才有可能抵达光明的境界。

更有人把科学秘密的发现过程比作猜谜或破案。我国科学家欧阳钟灿说过,"科研就像猜灯谜,需要有好奇心和探索精神"。猜谜首先要仔细地审查谜面,要逐字逐句地揣摩,从不同的视角,用不同的思路和方法加以审视和解析,找出可能的谜底线索和关节点,然后用联想、推理和想象的力量,去沟通和连接问题线索和关节点,在进行整体思考和综合判断的基础上,最后给出自己的谜底答案,去接受评判或修正。和猜谜不同的是理论探索一般没有标准答案,只有不断地接近真理、接受实践的检验。和猜谜类似的是揭示自然之谜,同样需要广博的知识和正确的方法,需要认真的揣摩和缜密的思考,需要丰富的想象和正确的判断。至于破案也是一样,首先要进行仔细的现场勘查,收集案件的各种线索和证据,全面分析案情,对案件过程提出推测和假设,通过无懈可击的证据链和科学严谨的分析法,逐步揭开案件的真相。爱因斯坦在《物理学的进化》一书中的开头就指出,"我们是不是可以把一代继着一代,不断地在自然界的书里发现秘密的科学家们,比作读这样一本侦探小说的人呢?这个比喻是不确切的,……但是它多少有些比喻得恰当的地方,它应当加以扩充和修改,使其更适合于识破宇宙秘密的科学企图"。因此,从一定意义上说科学研究就是一种猜谜,揭示自然之谜;就是破获一类特殊的案件,厘清事件的曲直原委。科学研究有时也会像侦探小说一样曲折和精彩。能不能解开谜底,厘清原委,就要看猜谜人和破案者的专业素养和能力。才华横溢的侦探福尔摩斯,就是凭着他的博学多闻、细心耐心、严谨求实,通过细致入微的观察、缜密严谨的演绎和推理,在零乱纷扰的疑团中抽丝剥茧地理出事件原委,澄清事实真相。他在事实与想象里,在假设与证据间所表现出的机智、勇敢和超凡的直觉力,也是一个科学探索者所应该具备的优秀品质。

以库鲁病发现和治疗为例来再现科学发现的真实过程。20世纪50年代在巴布亚新几内亚的法雷部落(约3万人的原始部落),出现了一种奇怪的流行病。患者先是在行为的协调性上出现问题,步履蹒跚,行进艰难,然后出现精神分裂、失忆、大笑,最后不治身亡。这种不明原因的疾病被当地人称作库鲁病(由该部落语言"kuria"音译而来)。1957—1960年,有1 000多人死于该病。医疗研究者调查发现,患病者几乎都是妇女和儿童,成年男子很少染病,外族部落嫁过来的女子只要在这里生活过一段时间也会染病。因此,基本可以排除遗传性疾病的可能。然而,该病似乎也不是通过接触或呼吸传染(进入病区的医护人员均无感染的病例），这让研究人员百思不得其解。美国科学家丹尼尔·卡尔顿·盖杜谢克立志要解决这一难题。他亲自带领助手来到病区，通过与当地人的沟通接触和实地研究，搜集了很多病例的第一手资料，证实这是一种神经退化性疾病，病人后期大脑会出现海绵状的空洞，继而死亡。该病具有较高的传染性，潜伏期是10.3~13.2年。弄清了病症所在，接着就是寻找病原和病因。经过进一步深入调查，他们发现该部落有食人的风俗。即亲人们死了，死尸要被活着的人分食以示纪念和感恩，头部是人体的精华，总是要先让给女性们吃，女人怜爱孩子，会和幼小的孩子一起分享。这种风俗和发病人群有着惊人的一致性。难道这种病是通过"食脑"传播？于是盖杜谢克在动物上做了进一步的实验，用死者病脑的提取物注射或饲喂猴子，能够引发猴子染病。病因找到了，于是他们就耐心地说服该部落废除食人的风俗，从而控制了疾病的流行。至于病原体到底是什么东西，依然是个未解之谜。因为在病脑的组织细胞中既没有发现病原细菌，也没发现病毒颗粒，研究又陷入了迷茫。这时美国生物化学家斯坦利·普鲁辛纳也加入了探秘的行列，他试图用高温和放射等理化手段处理病脑提取物来杀死病原物，但结果并不理想，其感染性依然不能去除。很显然这个病原物不是普通的细菌或病毒，经过反复思考，普鲁辛纳提出一个大胆猜测，他认为致病因子可能是一种结构特殊的蛋白质。由于这种推断不符合当时对病原体的一般认知，也缺乏有力的实验支持，因而没有得到认同，甚至被视为异端邪说。普鲁辛纳并没有退却，而是顺着这个思路不断深入研究，最终拿到了确切的证据，证明这是一个分子量在2.7万~3万道尔顿的特殊蛋白质颗粒，其传染性强，对各种理化作用具有很强的抵抗力，大小仅为病毒的1%，由约250个氨基酸组成，可以通过三维结构的变化致病。这个与众不同的致病真凶最终被命名为"朊病毒"。普鲁辛纳也因此获得1997年度的诺贝尔生理医学奖。从这个生动事例中,我们可以领略科技创新的艰难探索历程,不仅要有救死扶伤之志和在危难中冒险前行之勇,还需要有在不断追根溯源研究中的求实、思索与坚持,有揭示真相过程中的大胆想象和严谨实在的科学论证。

第二节　科技创新的要素分析

一、从结构功能要素上考察科技创新

科技创新,人才是决定性因素。到目前为止,这个世界上的任何创新创造都是人主导完成的;科研人才是科技创新的主角,他们往往既是剧情的设计和导演,又是科技创新大剧中的主要演员。没有牛顿、爱因斯坦这些大牌导演兼主角演员,就没有物理学这台高潮迭起的大剧上演;没有图灵、香农、冯诺依曼等天才的剧本设计,就没有今天的无所不在的信息智能科技。

有了科技创新的编剧、导演和演员,还需要有必要的创新平台和与之匹配的支持体系、物质装备条件等支撑保障,这是人才施展才华抱负、从事创新创造工作的舞台和物质基础,是科技创新大剧的剧场、舞台和道具。久负盛名的卡文迪许实验室、普林斯顿高等研究院等都是富有创新魅力的优秀平台,不仅创新舞台宏大、支持系统完善,而且创新氛围宜人。这里曾经上演过非常优秀的科技创新大剧。

　　当然我们也不能忽视观众的作用,观众的欣赏水平、热情互动与包容支持永远是激励演出成功的重要因素之一。因此,培养尊重知识、尊重人才、宽容失败、鼓励创新的好氛围,对科技创新这场大剧的成功演出是不可或缺的。具备以上三点,才能真正实现科技创新的大繁荣、大发展。

　　因此,要实现科技的自立自强和高质量发展,必须建设一支规模宏大、结构合理、素质优良的创新人才队伍,激发各类人才的创新活力和潜力,充分调动和尊重广大科技人员的创造精神,使他们争当科技创新的设计者、推动者和实践者。要积极搭建适宜的科技创新平台,建设高效的科技创新支持体系,加大资金和物质装备的投入,改进科技的管理和服务,弘扬伟大的科学家精神,让人才、平台、资金、项目、管理等创新要素都充分活跃起来,形成推动科技创新的强大合力。营造良好的创新氛围,培植创新文化沃土,形成尊重知识、尊重人才、崇尚真理、崇尚创新、宽容失败、支持应用的社会环境,让科技创新之树根深叶茂,长绿长青。

二、从智力和精神要素上考察科技创新

　　实现科技创新,既需要反映知识和智力要素的创新能力,更需要反映情感和意志要素的创新精神。创新精神是科学家精神的主体和核心,主要包括崇尚科学、追求真理的探索精神,实事求是、一丝不苟的科学精神,知难而进、敢为人先的进取精神,不拘常规、破除迷信的批判精神。而创新能力,则主要表现为学习能力、实践能力、思考能力、联想和想象能力等。学习能力主要用来增长知识、扩大视野、培养智能等,是科技创新的重要基础;实践能力主要是掌握科学实验的方法技能和正确的操作实施(包括观

察力、操作力、组织力和执行力等),是科技创新的实践保障;思考力主要指理论思考力和逻辑思考力,是科技创新的锐利武器;联想力和想象力是科技创新腾飞的翅膀。只有创新能力和创新精神相结合,科技创新之火才会熊熊燃烧起来。

三、从全过程动态要素上考察科技创新

清华大学金涌院士提出科技创新创造的"P4要素说",即创造者人格的培养、创造路径的选择、创造产品的打造、创造环境的推动,这四要素的连续协同作用,推动着科技创新的发展与进步。他认为创造者的人格特质是创新能力的关键。就创造力的潜质来说,可能人人都有,但"创造性的行为"却并非人人都能做出。学富五车的人,穷其一生也不一定有创造性的行为。

金院士认为人与人之间这种创新能力的差异,主要反映在以下四个方面:

(1)数学分析能力。没有数学分析就没有现代科学,现代科学研究一刻也离不开数学分析,数学分析能力决定一个人创造力的高度。

(2)空间构建能力。缺少这种能力就无法有效地进行形象思维,它决定着一个人创造力的广度和纵深。

(3)逻辑推演能力。缺少这种能力科学研究就无法深入推进,它决定着一个人创造力的强度。

(4)专注力和综合的决断力。缺少这种心理素质就不可能在充满未知的道路上最后胜出。

富于创新能力的人格特质是可以通过勤奋学习、自我修养和坚持不懈的锻炼予以强化和提升的。至于创新创造的路径选择,

虽无捷径可走,但有方略可依,这就是要在辩证唯物主义的认识论和科学方法论的指导下,根据主客观情况,从理论与实践的结合上,选择合适的研究目标、研究对象和研究方法。科技创新的道路大都充满荆棘与坎坷,既需要艰辛的付出和不懈努力,也需要正确的定位和科学的抉择。创新产品可以是基础理论,也可以是实践成果;可以是方法创新、技术创新,也可以是产品创新或服务创新;无论何类产品,都是人类智慧的结晶,都要经过实践检验、时间考验和不断完善。失败和挫折是不可避免的。一旦有了好的创新成果还需要推广应用,转化为现实生产力,而这一切都需要社会的支持、鼓励和包容。因此,持续不断的科技创新必须从创新人才特质的培养抓起,不仅要教会他们知识,培养他们的智力,还要锻造他们的品格,鼓励他们创新创造,正确地选择创新路径和创新方法,努力打造各种创新产品,汇聚成大众创业、万众创新的时代洪流。

第三节　科技创新成果的类型、评价与奖励

　　科技人员通过集中运用各种创新要素和创新资源,对科研选题进行一系列长期、系统、深入的研究,必然会产生一些有价值的创新性成果,这些成果包括论文、专著、专利、品种权、技术标准、技术诀窍等多种形式。其中论文和专著属于公开发表可供人引用的大众知识产品,以社会效益为主;技术标准是针对具有普遍性和重复出现的技术问题,提出的实用技术解决方案和共同遵守的技术规范,具有公益性和开放性;专利、品种权、集成电路布图

设计权、技术诀窍等则具有一定的商业价值,以此为基础开发出来的产品、工艺或者程序设计等往往蕴藏着很大的经济利益。科技创新成果总体上都属于知识产品的范畴,可以受到相关知识产权(Intellectual Property,IP)的法律保护。所谓知识产权就是人类直接利用其知识,在科学、技术等领域创造的一种被法律确认的、具有非物质财产属性的权力,是知识经济的重要产权基础,是创新驱动发展的原动力。它一般包括:专利权、商标权、著作权(包括软件著作权)、集成电路布图设计权、植物新品种保护权等。由于技术标准所涉及的利益主体比较复杂,虽然也属于技术成果的重要内容,但一般不作为知识产权进行保护,特别是那些以国家主导制定的国家技术标准和行业技术标准等,但其对推动行业科技进步是不可或缺的。

一、科技创新成果的类型和保护形式

(一)学术论文和学术专著等

学术论文和学术专著属于公开发表的、可供人们自由引用的大众知识范畴,是科技人员或其他研究人员在科学实验或理论研究的基础上,对自然科学、工程技术科学等问题进行科学分析、专题研究和讨论,并按照学术期刊或学术活动的要求,进行电子或书面等形式的发表。作为科研活动的最基本的成果,科技论文可以在专业刊物上发表,也可以在学术会议及科技论坛上报告、交流。科技论文是科技人员交流学术思想和科研成果的重要工具和载体。科学家发表论文,一方面是通报自己的研究进展情况,并将自己的研究成果公开记录在案,以供科学共同体进行重复、检验、参考和交流,促进知识的传播与积累;同时也是表明自己学术水平、确定科学优先权的重要依据。因此,科学家有责任、有义务确保发表的论文中描述准确、数据真实、方法科学、结论合乎逻辑;科技刊物也有责任聘请高水平专家组成编委会对拟发稿件进行学术评审,做出发表、修改后发表或不发表的决定。

按照研究方法不同,科技论文可分理论型、实验型、描述型三类。理论型论文运用的研究方法是理论证明、理论分析、数学推导,以及用这些研究方法获得的科研成果;实验型论文运用实验方法,通过进行实验研究获得的科研成果;描述型论文运用描述、比较、说明方法或过程,对新发现的事物或现象进行研究而获得科研成果。质量较高的科技论文,通常会被 SCI(Science Citation Index,科学引文索引)、EI(Engineering Index,工程索引)、ISTP(Index to Scientific & Technical Proceedings,科技会议录索引)等世界著名的科技引文数据库收录。SCI 是由美国科学信息研究所 1961 年创办出版的引文数据库,是目前国际公认的进行科学统计与科学评价的最具权威性的科技文献检索工具。SCI 以布拉德福(S. C. Bradford)文献离散律理论和加菲尔德(E. Garfield)引文分析理论为主要基础,通过论文的被引用频次等的统计,对学术期刊和科研成果进行多方位的评价研究,从而评判其在国际上的学术水平和影响力。EI 是由美国工程师学会联合会于 1884 年创办的历史上最悠久的一部大型综合性检索工具,在全球的学术界、工程界、信息界中享有盛誉,也是科技界共同认可的重要检索工具。ISTP 以收录学术会议文献为主,包括一般性会议、座谈会、研究会、讨论会、发表会等。

由于科技论文是科技成果的科学性、学术性和创新性的重要体现,所以要求发表的论文必须是作者本人的研究工作,并在科学理论、方法或实践上获得的新进展或新突破,论文的内容必须客观、真实,定性和定量准确,要经得起他人的重复和实践检验;对论文的表达则要求结构完整、逻辑严密、层次清晰、语言明确、表述规范。论文的形式一般应包括:标题、作者、摘要、关键词、前言、材料与方法、结果、讨论、结论和参考文献等。对别人工作的引用和综述必须说明出处和进行翔实的标注。

科技论文又可作为评价和考核科技人员的科研工作创新性和影响力的重要依据。就一般意义上来说,科技论文的质量越高,影响力越大,在国内外学术同行中被引用的频次就越高,对学科发展和社会进步促进作用就越大。基本科学指标数据库 ESI (Essential Science Indicators)是由美国科学信息研究所于2001年推出的衡量科学研究绩效、跟踪科学发展趋势的基本分析评价工具,现已成为世界范围内普遍用以评价高校、学术机构、国家/地区国际学术水平及影响力的重要评价指标工具。ESI 由引文排位、高被引论文、引文分析和评论报道等4部分构成。高被引论文指近10年间累计被引用次数进入各学科世界前1%的论文。引文分析即将全部科学分为22个专业领域,分别对不同国家、研究机构、期刊以及科学家进行统计分析和排序。目前保持引用率最高的论文是1951年发表在生物化学期刊《Journal of Biological Chemistry》上的《用Folin(斐林)试剂测量蛋白质的方法》,该论文描述了一种溶液中蛋白质含量的测定方法。截至2004年1月,该论文的引用次数为惊人的275 669次,这是迄今为止引用次数最多的科学论文,足以证明该文介绍的测量方法的先进性、可靠性和被使用的广泛性。值得注意的是比较专业的尖端研究领域或比较深奥的理论领域,不能单纯看其被引用的频次来衡量论文的科学价值,反倒是同行的评议、评价和长期实践的检验来得更可靠些。

科技论文和学术著作,一经公开发表,便受到著作权保护。所谓著作权是指自然人、法人或者其他组织对其作品享有的财产权利和精神权利的总称。我国法律规定著作的发表权和财产权的保护期为50年,而作者的署名权、修改权、保护作品完整权的保护期则不受限制。

(二)发明专利、品种权和技术诀窍等

发明专利是研究者(发明人)运用自然规律而提出解决某一特定问题的技术方案。可以是产品的发明(如机器、仪器、设备和用具等),也可以是方法的发明(制造方法、新工艺流程等)。产品发明是人们通过研究开发出来的关于新产品、新材料、新物质等的技术方案。可以是一个独立、完整的产品,也可以是一个设备或仪器中的零部件。方法发明是指人们为制造产品或解决某个技术课题而研究开发出来的操作方法、制造方法、测量方法、分析方法以及工艺流程等技术方案。方法可以是由一系列步骤构成的一个完整过程,也可以是其中的一个步骤。由于发明专利具有一定的商业价值,以此为基础开发出来的新产品、新工艺或者新设计等往往蕴藏着一定的商业利益,故常常要进行使用权和商业利益的保护。

专利作为一种专属性的知识产权,具有"独占性"特征,即专利权人对其发明创造所享有的独占性的制造、使用、销售和进出口的权利。也就是说,其他任何单位或个人未经专利权人许可不得进行以生产、经营为目的的制造、使用、销售和进出口其专利产品或使用其专利方法的活动。根据《巴黎公约》规定,一个国家依照其本国专利法授予的专利权,仅在该国法律管辖的范围内有效,对其他国家没有任何约束力。一项发明创造只在本国取得专利权,那么专利权人只在本国享有专利的独占权。如果有人在其

他国家和地区生产、使用或销售该发明创造,则不属于侵权行为。因此,对那些有国际市场前景的发明创造,必须同时在其他国家和地区取得专利授权,才能在相应的国家和地区得到市场保护。为适应这一需求,继《巴黎公约》之后,专利合作条约(Patent Cooperation Treaty,PCT)应运而生。该条约系1970年由35个国家在华盛顿共同签订,从1978年6月1日开始实施以来,目前已发展到60多个成员国,成为一个有影响力的国际专利合作联盟,由总部设在日内瓦的世界知识产权组织管辖,为缔约国之间在发明专利保护申请的提出、检索和审查方面提供特殊的技术服务,但PCT专利权的授予,仍由各个目标国的专利机构评定。

专利保护具有时间性。即专利权人对其发明创造所拥有的专有权只在法律规定的时间内有效,期限届满后,专利权人对其发明创造就不再享有法律所赋予的权利。至此,原来受法律保护的发明创造就成了社会的公共财富,任何单位或个人都可以无偿使用。各国专利法对其专利保护的期限性都有明确的规定,对发明专利权的保护期一般限制在自申请日起的10~20年。这样的制度安排,既能激励研究者的发明创造,又不至于迟滞整个行业的科技进步。

除了专利权保护之外,为保护和鼓励某些专门领域的科技创新,国际上还就计算机软件、集成电路布图设计、植物新品种等进行专项保护。1961年国际植物新品种保护联盟(International Union for the Protection of New Varieties of Plants,UPOV)出台了《国际植物新品种保护公约》,对完成新品种创制的育种单位或个人育成的新品种(指具备新颖性、特异性、一致性、稳定性,并有适当命名的植物新品种)依法享有的排他使用权。为促进计算机软件产业和集成电路布图设计等方面的创新能力和竞争能力,国家也依法对其知识产权实施专项保护。

知识产权保护对于激励科技创新、吸引外部技术、促进贸易往来都有着十分积极的作用,并为科技成果的有序地应用和转化提供了制度上的保障。知识经济的竞争归根到底就是知识产权的竞争,就是科技上的竞争。只有拥有强大的科技创新能力,拥有自主的知识产权,才能提高我们的经济发展能力和综合竞争能力。因此,保护知识产权就是尊重知识、鼓励创新、保护生产力的发展。

二、科学优先权和奖励制度

科学活动是一种创造性的劳动,创新是科学家最重要的精神特质,而创新最直接的证明形式就是科学发现的优先权、技术发明的专利权等。一般来说,科学优先权是指科学家对某一科学发现或发明的最先拥有权。它标志着同行的普遍认可和社会的广泛承认。科学优先权对于刺激知识生产者的积极性、促进科技的发展与知识的增长、扩大科学知识的普及与应用等方面都具有积极而又重要的意义。《科学发现的优先权》一书是被尊称为"20世纪科学社会学之父"的美国学者罗伯特·金·默顿的经典著作。他从社会学角度和科学奖励系统的理论架构中,深刻阐述了"科学优先权"的突出地位。从现实上讲,当两个以上的科学家同时宣布他们做出了一项相同的科学发现或者技术发明时,就产生了优先权之争的问题。在科学史上曾发生过多起"科学优先权"之争的事件,有的时候还上升到国家利益的高度。人们对于优先权之争的问题有许多不同的看法。有的认为是"人类天性的表现",有的则把它看作是某些科技工作者身上的"自我中心主义"的缺点。但从本质上讲,这种现象并不表示科学家群体是一些爱慕虚荣的人,也不仅仅是名利思想的反映,而是由于科学共同体的规范使然,使得"优先权"成为科学家唯一可以获得社会对他们工作的承认方式。因此,应该把它视为一个正常的社会现象。再者,真切地记录科学优先权的实际情况,也是对科技本身的一种尊重。因此,科学家往往把自己研究的首创性视作其最高利益的象征,并尽量去获得它、维护它,是完全可以被理解的事情。由此激发了科学中的奥林匹克精神,即所谓的"科学竞争"。科学知识总是由一个具体的科学家或以其为首的团体创造出来的,谁能率先生产出具有独创性的知识产品,谁就能理所当然地得到科学的荣誉和社会的褒奖,这有利于知识的积累和科学的发展。当然,科学优先权应避免导致背离科学终极目的、不正当竞争等消极因素的影响。

科学的发展是一种逐步体制化的过程。在体制化之前的科学奖励更多地表现在学术共同体的内部承认上,当时国家与科学研究结合还不紧密,还没有制定出能普遍保障科学事业发展的政策措施。正是科学共同体的内部承认和奖励,成了科技创新最传统的激励形式。到科学研究体制化阶段,国家与科学的联系日益紧密,出现了由政府支持和倡导的科学奖励制度和专利保护制度。世界上第一部具有近代特征的专利法是1474年由当时的威尼斯王国颁布的,当时的专利权是一种由封建君主恩赐给发明人的专属权利。直到1624年英国颁布《独占法》以后,才逐渐构架起各类知识产权的保护和激励制度。

科研成果的独创性或原创性是优先权的重要标志。从一定意义上说,科技创新只有第一,没有第二。而确认优先权的要旨是看谁率先公布自己的科研成果,并在学术质量上接受同行评议且取得同行的高度认可。因此,求实和严格的同行评议制度,是科技创新成果评价的"硬通货",基于同行认可、社会认可(包括政府认可)基础上的科技奖励更被看作是科技工作者的殊荣。同行评议一般包括对其原创性或独创性、先进性、科学价值和社会价值等进行综合的评判。一项新的发现或发明,谁获得了优先权,就等于有了获得同行和社会认可的前提和基础。通过科技奖励鼓励创新性科技成果,也是科技界比较通常的做法,甚至还通行以首个发现者的名字命名该项发现的表达,以获得永久性的学术纪念和社会尊重。历史上不少术语、公式、定理以及科学度量单位,都是以发现或发明者的名字命名的。如反映放射性研究成果的伦琴射线和放射性度量单位居里等,反映电特性的度量单位伏特、安培、欧姆等;反映能量的度量单位焦耳,反映力的度量单位——牛顿;反映生物遗传距离的交换单位——摩尔根;反映物质元素分子量的单位——道尔顿;反映数学研究成果的费马大定理、黎曼猜想、哥德巴赫猜想等;反映质量能量转换的爱因斯坦方程(质能方程)等。国际天文学界还用习惯用一些伟大科学家的名字去命名新发现天体的名称。当然国际上也设立一些专门的科技奖项去褒奖那些做出突出贡献的科学家,最著名的莫过于诺贝尔奖,该奖是根据瑞典化学家阿尔弗雷德·诺贝尔的遗嘱于1901年设立的,专门用于奖励那些在物理、化学、生理学或医学、文学与和平事业等方面做出突出贡献的人。1968年,瑞典国家银行又出资增设诺贝尔经济学奖。因诺贝尔奖未设置数学奖,因此菲尔兹奖就是国际数学领域的最高奖项,由4年一度的国际数学家大会(国际数学联合会主办)颁发。沃尔夫奖也是具有终身成就性质的世界科学界最高成就奖,由沃尔夫基金会颁发,主要是奖励在农业、化学、数学、医药、物理等领域做出突出贡献的人。

还有由美国计算机协会于1966年设立的"计算机界的诺贝尔奖"——图灵奖,其名称取自计算机科学的先驱、英国科学家艾伦·图灵,专门用于奖励对计算机事业做出重要贡献的人。有地理学诺贝尔奖之称的"维加奖",有生物学诺贝尔奖之称的"拉斯克奖",还有由美国科学促进会设立的"克利夫兰奖",专门用于奖励那些在纯科学领域做出突出贡献的人。当然还有许多其他不同专业领域的国际奖项。除了这些著名的国际性奖项以外,各国为激励本国科学技术专家(有些也包括外国科学家)的创造性贡献,也都设有自己的专项奖励。我国政府也设立了4大科技奖(自然科学奖、科技进步奖、技术发明奖、国际合作奖),前3项是专门奖励中国科技专家的,最后一项是奖励外国科学家的。至于各国民间设立的科技奖励就数不胜数了,如中国的何梁何利奖、未来科学奖等,它们都在激励我国科技创新发展方面做出了独特的贡献。

作为科学优先权保护的制度体现,科学发现优先权受著作权保护,技术发明的优先权受到专利权保护;前者是科学制度的基本产权形式,而后者则是技术产业制度的基本产权形式。科技工作者既要保护好自己的知识产权,更有责任有义务尊重他人的知识产权,遵守论文发表中的署名制度、引注制度、参考文献标示制度,无论是发表论文的排名、专利证书排名、科技奖励排名等,都应该体现公平公正、实事求是的原则。这不仅是对自己和他人的负责和尊重,更是对科学的敬畏和尊重。

对待科研成果,科学家当然可以利用自己的科研成果正当获利,但不应该把获利作为科研活动的唯一目标而过分追求,特别是在基础研究领域,论文发表后就成为公共知识的一部分,成为全社会的共同财富,原则上可以被任何人免费反复地使用,为社会所共享。过分追求物质功利,将对科学精神造成伤害,比如削弱对真理的坚持、损害理性实证的复杂过程、影响团队合作,甚至屈从权贵和资本的压力而妨碍研究成果的科学性等。科技成果应用要以促进人类进步和社会福利为主要目标,在最大满足社会收益率的同时,可以兼顾私人收益率的平衡,这样既能维护人类的共同利益和社会公众的根本利益,又能调动科技工作者的创新热情和创造活力。当然,科技成果的应用须有合理的界限,不适当地使用或者滥用往往会引发破坏性灾难和复杂的伦理问题。这就更需要科学家要保持高度的人文情怀,坚守科学道德底线,严格遵守政策法规和伦理规范,确保各方知情权,使科学研究成果始终沿着惠及人类的目的和初心为社会造福。

第三章

科技创新人才

实现科技自立自强,建立科技强国,首先需要培养和使用好一大批科技创新型人才。习近平同志强调:"我国要实现高水平科技自立自强,归根结底要靠高水平创新人才"。谁拥有了一流的创新人才和科学家,谁就能在科技创新中占据优势。科技创新本质上是人的创造性活动,人才资源是创新活动中最活跃、最积极的因素,创新驱动的实质就是人才驱动,没有强大的人才队伍作后盾,科技创新就是无源之水、无本之木。世界科技发展史表明,科技尖端人才流向哪里,发展的制高点就转向哪里;世界科学中心的形成和转移,总是伴随着高水平创新人才的群体涌现和各类杰出人才的脱颖而出。正是由于达·芬奇、布鲁诺、伽利略等一批早期科学家的努力,才有了意大利科学之风的兴起;接着英国涌现出瓦特、牛顿等一批杰出科学家和技术发明专家,催生了英国工业革命的爆发;法国因拉瓦锡、库伦、安培等一批杰出科学家和工程师的出现,成为当时的"科学中心";再后来德国出现了伦琴、李比希、维蒂希、奥托等一批著名的科学家和发明家,成为不可一世的科技强国。以至于第二次世界大战前后,大国为争夺优秀的科技人才发生了激烈的竞争,最后欧洲的许多优秀科技人才流向了美国,形成了以爱因斯坦、冯卡门、冯诺依曼、费米等大师级科学家为核心的强大研究阵容,促成了美国半个多世纪的科技繁荣。

按照马克思主义观点,人类的社会实践活动具有层次性,这决定了人才培养和使用也具有层次性特征。由于科技创新过程日益精细化、社会化、装备化和组织化,加之科技融入产业和经济社会的进程不断加快,新学科层出不穷,新产业大量涌现,需要的创新型人才种类和科学家类型也是多种多样。我们既需要知识渊博、视野宽远、具有前瞻性和预见性的战略科学家,也学要务实严谨、刻苦钻研、富有创新和敬业精神的专业型科学家;既需要有思路开阔、意志坚定、善于组织协调、攻坚克难的领军型人才,也需要心灵手巧、有奇思妙想、善于发明创造的技术型人才。

第一节 科技创新人才的类型

一、战略科学家

所谓战略科学家,是指那些能为重要科技发展方向谋篇布局、领航掌舵的一流科学家。其视野开阔,前瞻性、判断力、跨学科理解能力卓越,在科技界具有广泛的领导力和号召力,他们往往会在国家重大科技创新工程的谋划和组织中发挥核心作用。

被誉为现代管理学之父的彼得·德鲁克曾说过,"战略不是研究我们未来要做什么,而是研究我们今天做什么才有未来"。什么是重要的研究方向? 什么是关键问题? 什么是未来竞争的重点? 哪些可能成为制约未来发展的瓶颈? 以什么方式组织和支持更合适? 这些问题都需要战略科学家做出具有前瞻性的判断,并提供战略性建议。

战略科学家除了具备一般科学家的基本素质以外,通常还具有3个显著特点。一是坚定的自我驱动力。他们行为的发起不是出于获得性的需要和名利等外在力量的驱动,而是出于赋予性的需要,是由自身的价值观、责任感和事业使命驱动的,即自我实现和超我实现的需要。新中国成立时国家一穷二白,一大批科学家回归祖国,他们不是为了个人名利而来的,驱动他们归国的动力就是热爱祖国、热爱科学的价值观,对国家未来发展良好愿景的坚定信心,为中华民族崛起而奋斗的强烈使命感,他们中大多数人也因此成为中国现代科学和现代技术的设计师、奠基人和开创者。二是强大的独立思考力。战略科学家通常都具有强大的独立思考能力和卓越的科技创新能力,因而能够超越前人,实现重大的原始创新、颠覆性创新,创立新的学科或开辟学科新的成长点。三是卓越的跨界学习力。战略科学家通常都具有卓越的跨界学习能力,知识获取范围横跨多门学科,而且能够融会贯通、举一反三,综合性地解决本学科甚至其他学科的重大学术技术问题。

上述这些特点,决定了对战略科学家的培养和使用不能采取对待一般科技人才的成长方式,他们需要大舞台、大环境、大事业,需要健康的人才生态和高尚价值观的养育。十年树木,百年树人。培养和造就战略科学家需要较长的时间周期,要在实践中不断发现具有战略科学家潜质的高层次复合型人才,让他们经风雨、见世面、挑重担、多磨炼,深入了解我们的国情和历史,积极参加社会变革的实践,培养他们伟大的人格、胸襟和崇高的理想,善于用辩证唯物主义的观点分析和看待问题,时刻准备着为祖国、为科技贡献出自己毕生的力量。

钱学森就是我国战略科学家的杰出代表。他热爱祖国,崇尚科学;视野宽远、知识渊博;不光在航空航天领域有突出贡献,他在系统论、控制论、思维科学、科学哲学等领域也有着深厚造诣。他亲自策划和领导了中国的"两弹一星"工程,对新中国科技该如何发展、哪些科技要优先发展等重大战略问题,提出了富有远见的建议,给予了卓有成效的指导。

二、大师级科学家

他们是引领一代科学风尚的科学巨人,具有奇妙的想象力和惊人的思考力,能够指引学科发展的新方向,开创科学研究的新空间,对学科发展有着集大成式的统合能力和里程碑式的学科体系构建能力。如牛顿、爱因斯坦、杨振宁等就属于这类科学家的典型代表。牛顿揭示了宏观世界物质运动的力学原理,并在数学、光学等多个领域都有突出的贡献。爱因斯坦又突破牛顿力学的局限,打开相对论的神奇空间,在宏观和微观的理论海洋里纵横捭阖。杨振宁和其合作者不仅发现了弱相互作用中宇称不守恒现象,还提出了"杨-米尔斯规范场"论和"杨-巴克斯特方程",在弱电相互作用和强相互作用统一性描述上获得重大突破,并把物理与数学的联系推进到一个新的水准。这些科学大师们都以伟大的思想穿透力澄清科学上的迷雾,以无与伦比的批判力开创科学的未来。

大师型人才的产生是时代孕育和科学发展的必然结果,也是他们个人特殊兴趣爱好的指引和刻苦努力的结果。当然,他们的成长、学习和工作环境对其自然天性的发挥、自由精神的培养、独立思想的形成也有很大的帮助。中国自近代以来,由于历史和现实的多重原因,在自然科学的研究方面明显落后于西方发达国家,本土培养和成长起来的大师级科学家还比较少。经过了近几十年的追赶,我们已经建立了比较完善的教育体系和科学研究体系,我们有志气和能力为全球自然科学的发展做出更大的贡献。2021年4月,习近平同志考察清华大学时指出,中国教育是能够培养出大师来的,我们要有这个自信。同时也需要付出更大的努力,更加注重创新能力和创新精神的培养,厚植社会创新文化的沃土。

三、科技领军人才(学术技术带头人)

科技领军人才是一个创新集体或创新团队的组织领导者和学术带头人,通常具有广博的知识、开阔的眼界,对新事物、新知识有着天然的敏感性和强大的理解力。能把握大势、洞悉问题,具有很强的综合思考力和组织协调力。品格自信大度,意志坚毅笃定,能充分调动和激发团队成员的工作积极性和创新创造潜力,能胜任重大的科技工程和重大科研攻关的组织领导工作。我国两弹元勋钱三强就是极其难得的科技领军人才。

当然,对那些具体的研究项目、研究课题和研究团队,也同样需要一批能干的组织者、领导者和学术技术带头人。从某种意义上说,他们也属于科技领军人才的范畴。目前国内的通行做法是采取"项目(课题)负责人制"或"首席专家负责制",大体等同于西方国家的"PI"(Principal Investigator)制,这种科研管理制度已经被多数科研单位所接受和采用。PI的学术水平和领导能力,直接关系到团队的整体工作效能和创新水平的发挥。因此,选好、用好团队的学术技术带头人,是科研单位一项十分重要的工作。

当然,在某些情况下,科技领军人才不一定都要是专业上的佼佼者,但一定是懂科学、爱科学的出色管理者。美国普林斯顿高级研究所的创始人和灵魂人物,亚柏拉罕·弗莱克斯纳就不是一名非常突出的专业型科学家,但他能团结聚拢包括爱因斯坦在内的一批顶尖科学家,为他们特长的自由发挥提供了成长空间和发展激励。他的爱心、包容和努力,使这个极具有创新力和战斗力的研究集体披靡世界,培养了一大批诺贝尔奖、菲尔兹奖和沃尔夫奖得主。

四、专业钻研型科学家（科技拔尖人才）

这类人才的突出特点是基础知识扎实，专业素养深厚，具有刻苦的钻研精神和超强解决专业问题的能力。他们对自己的专业都很执着入迷，有超乎常人的坚持和毅力。如陈景润、张益唐等，就属于这类科学家。陈景润致力于哥德巴赫猜想研究20年，无论环境顺逆，无论困难多大，他总能攻坚克难、锐意进取，取得了举世瞩目的成就。张益唐凭着超强毅力和钻研精神，在孪生素数猜想这一数论重大难题上取得重要突破。这类科学家淡泊名利、单纯超脱，潜心"十年磨剑"，竭力攻克难题，最终实现跨越和突破。对于这类科技人员的工作和生活，要尽可能地予以关心和支持，尽力创造条件为他们做好服务，解决他们的后顾之忧，让他们心无旁骛地开展研究和攻关。我们今天之所以倡导"坐冷板凳"的精神，就是要着力克服那些"急功近利的虚浮风气"，那种"追时尚、跟风走、华而不实的学风"，要做到不贪慕虚荣、不追逐俗利，坚持自己的学术方向，专心致志做学问，精益求精做研究。

五、实验科学家和理论科学家

从科学的结构来看，科学由实验和理论两部分构成，随着科学研究的细化分工，有些科学家根据兴趣和擅长，会选择主要从事理论研究或主要从事实验科学研究。这虽然只是工作的兴趣点和侧重点的不同，但也不可否认科学家对待理论和实验问题能力上的优势取向。艾萨克·阿西莫夫曾对实验物理学家和理论物理学家的特点有过真切的描述:有的物理学家会致力于在特定条件下进行精确的测量,或许他打算测定某些化学反应中所释放出来的热量,或许他打算度量某一种亚原子粒子在分裂成其他粒子时所释放出的能量,或许他打算知道大脑的微弱电势在某些药物作用下的精确变化,擅长这些工作的研究者,可以被称之为实验科学家。而另一些科学家可能特别有兴趣研究测量结果背后的理论意义。或许他们能推导出某些数学关系式来,这些数学关系式能解释其所以然,并试图预言某些还未进行过的测量结果。而一旦测量结果和所预言的相一致的话,他很可能就发现了称作自然规律的东西,我们将长于用这种方法来获得自然规律的科学家,称之为理论物理学家。

理论型科学家的突出特点是思想深邃,具有超强的抽象思维和逻辑思维能力,长于理论思考和数学分析,善于发现和欣赏真理之美。甚至能通过"思想实验"去支撑理论或检验理论。杨振宁等就属于这类科学家的典型代表(当然他也是一位集成统合能力极强的大师级科学家)。据传记介绍,杨振宁原本是想做一个实验物理学家的,可动手时总显得笨手笨脚,在芝加哥大学的艾里逊实验室里,哪里炸得乒乓作响,哪里就有杨振宁。他很羡慕实验室里的一些同学的动手能力。后来在泰勒的建议下,他最终选择了理论物理作为自己的研究对象,显示出卓越的理论研究才能,并取得超乎常人的成就,打破了曾被物理学家封为金科玉律的宇称守恒定律,建立了"杨-米尔斯规范场"理论和"杨-巴克斯特方程"等。

而实验科学家则擅长于实验设计、实验搭建、实验观察和实验操作。他们能够把完美科学构想付诸实践验证和实验施行,属于那种善于观察美、塑造美、心灵手巧的实践型科学家。如大名鼎鼎的吴健雄先生就是实验科学家的典型代表。她因在β衰变方面所做的细致精密的实验工作,而为核物理学界所熟知。1956年在李政道、杨振宁提出"β衰变过程中宇称可能不守恒"的理论之后,迫切需要得到实验上的证明。吴健雄立即领导她的小组进行了这项空前难度的实验验证,先是在极低温(0.01 K)下用强磁场把钴-60原子核自旋方向极化,进而观察钴-60原子核β衰变所射出电子的方向,从而证实了弱相互作用中的宇称不守恒的论断。吴健雄还在1963年通过巧妙的实验,证明了原子核β衰变中矢量流的守恒定律,这是物理学史上第一次由实验证实电磁相互作用与弱相互作用的密切关系,从而奠定了吴健雄作为出色的实验物理学家的杰出地位。

六、发明家和工程技术专家(卓越工程师)

发明家是一些通过创造新产品、新装置、新设计或新方法,去提高人类生产和生活水平的人。其显著特点是思维敏锐,联想丰富,心灵手巧,发现和解决问题的能力强,擅长于形象思维、发散思维和逆向思维,有着超强的实践力和旺盛的创造力。如爱迪生等就属于这类人才的典型代表,他一生拥有数千项发明,如电灯、留声机等。

工程技术专家是指那些具有工程设计力和突出实践力的一类人才。他们善于将理论与实践结合、技术知识与工程实施并重,具有奋进求实的创新意识,协同协调的系统思维,和一丝不苟的工程伦理精神。工程师是负责实际工程的群体,而工程的目的是造物,特别是要造出过去未有的新物品、新构件、新装置、新设施。因此,需要综合考虑环境承载和技术适应,需要适应当时当地的新情况,解决大量出现的新问题,开发生产各种新产品。因此,求实创新是工程师精神的首要内容。不搞虚张声势,不搞面子工程,做实事、讲实效、讲协同,善合作。工程技术不仅涉及多个技术领域,还涉及资源筹集、组织管理等方面的工作,所以多数情况下是团队的协同工作。大的项目有成千上万人参加,即使开发一个小的零件,也涉及材料、加工、测试、试验等各个环节。不同的参与者其专长不同、知识不同、性格不同、具体工作性质不同、思考问题方式不同,要实现统一的目标,就需要具有高度的协同精神。系统性思维也是工程技术专家必须具备的素质,只有在这种思维的指导下,子系统围绕大系统,分系统服从总系统,一环套着一环,一层连着一层,才能有条不紊地开展工作。另外,产品制造和工程实施都是在各种不同的环境中进行的,基础条件也不尽相同,有些还需要多工种的交替作业。因此,统合这些工作的工程师必须具有系统性思维能力和一丝不苟的精神。

我国化学工业的奠基人和开拓者侯德榜先生,既是一位出色的发明家,又是一位杰出的工程师。他发明的"侯氏制碱法"使合成氨和制碱两大生产体系有机地结合起来,在我国化学工业史上写下了光辉的一页。我国铁路工业技术的拓荒者詹天佑,也是一位同时具有创新智慧和工程匠心的技术专家,他创造的"竖井开凿法""人"字形铁路等,充分展现了一位卓越工程师的创新业绩。

习近平同志号召要"激发各类人才创新活力,建设全球人才高地"。对我们这样一个奋力崛起的大国,培养好、使用好各类创新人才,是一个宏伟而又紧迫的战略任务。要努力造就一大批顶尖的战略科学家、杰出科技领军人才、一流的专业科技人才;培养造就一大批优秀的工程技术人才、发明家、大国工匠和卓越工程师。创造条件、改进管理,充分发挥他们的聪明才智,为实现我国科技的高水平自立自强,早日建成现代化科技强国而同心奋斗。

第二节 科技创新人才的精神特质

科学家在科学研究的实践中形成的认知方式、行为规范和价值取向所表现出的精神风貌,被称之为科学家精神。它既是一种文化指向和文化坚持,也是科学家在长期科学实践活动中逐渐形成的一种独有的精神特质。由于科学研究是一个揭示和认识规律的探索行为,而规律通常具有一定的隐含性。因此,科学家就特别需要具有强烈地寻求未知的好奇心,具有实事求是、去伪存真的理性精神,具有大胆假设、细心求证的探索精神。科学绝不会停留在浅表和经验的描述层面上,而是要通过由此及彼、由表及里、由浅入深的反复探查,并给予定量的、实验的精确分析和证明,以确定事物的真实联系和发生发展的普遍规律,这就需要科学家们的耐心细致、一丝不苟和严肃认真的工作态度。科学也是一个创新和突破的过程,科学家还需要勇于质疑传统,具有不迷信权威的自由和批判之精神。科学研究又是一个复杂艰苦的智力劳动,需要忘我地奉献和牺牲精神及伟大的人文情怀。科学永无止境,需要一代又一代人的传承和接力。

尽管科学技术人才有不同的类型,其特点和优势也各有侧重,但他们都应该具有共同的精神特质即科学家精神。习近平同志强调,"科学成就离不开精神支撑"。要建立创新型国家,实现高水平科技自立自强,必须要大力弘扬科学家精神,对科技创新来说,它既是一种力量源泉,也是一种心理指引。主要包括以下五个方面:

一是要追求真理,崇尚科学。科学研究是高尚纯洁的精神劳动,需要我们淡泊静心,孜孜以求,让好奇心的翅膀在自由思想的空气中翱翔,去战胜愚昧和无知,收获真理与良知。只有对科学有强烈的兴趣、热爱和追求,才能专注于科研事业,积极努力,刻苦钻研,为之奋斗和献身。历史上为追求真理、捍卫科学真理而献身的科学家屡见不鲜。正是他们的牺牲和坚持,真理光辉才得以照耀后人。意大利科学家乔尔丹诺·布鲁诺不仅勇敢地捍卫和宣传哥白尼的日心说,而且还提出:宇宙是无限的,在太阳以外还有无数个类似的恒星系统,太阳只不过是一个恒星系统的中心,而不是整个宇宙的中心的论断。他的科学思想与行为同教会极力宣扬的"地心说"产生了严重冲突,并对教会的邪恶势力形成公开挑战,因此,他在1592年被捕入狱,最后被宗教裁判所判为"异端"而烧死在罗马鲜花广场。他是捍卫真理的殉道者,弘扬科学的献身者,他把"为真理而斗争"看作人生的最大乐趣。居里夫人为研究放射性物质,长期遭受有害射线照射,以至造血功能出现严重障碍,但她却泰然处之,生命不息,研究不止,为核科学建立了旷世奇功,却又始终保持谦虚与进取,表现出一个伟大科学家的高尚人格和崇高精神。我国科学家屠呦呦为人类战胜恶性疟疾,默默奋斗30年。为实验各种化学溶剂提取青蒿素效果,她长期与各种挥发性溶剂打交道,即便是得了中毒性肝炎也不放弃;为实验青蒿素的毒性,保证病人用药安全,她带头试服,以身犯险;为取得第一手临床资料,她多次在高温酷暑的季节里在海南疟区奔走,为病人喂药、护理、观察疗效。她所做的一切,都完美诠释了一个科学家追求真理、崇尚科学的伟大人格。

二是要勇攀高峰,敢为人先。但凡有作为的科学家都具有敢于创新、敢于创造的雄心壮志,敢于提出新理论、开辟新领域、探索新方法和新路径，在独创和原创上下功夫。正像马克思所指出的那样："在科学上没有平坦的大道，只有不畏劳苦沿着陡峭山路攀登的人，才有希望达到光辉的顶点。"农业科学家袁隆平开创的中国杂交水稻的研究，开始并不被学术界所看好，因为权威专家认为自花授粉作物没有明显的杂种优势。但袁隆平是个不信邪、不服输、敢创新、勇登攀的人，他领导着攻关协作组，克服重重困难，从大量的实验和海量的筛选中，发现了野败基因，实现了三系配套，首创了"奇迹稻"，大幅度提高了水稻产量。被誉为"现代毕昇"的王选，锐意创新，志在超越。他在没有任何经验和参照的情况下，直接研制西方还没有产品的第四代激光照排系统。他针对汉字的特点和难点，在世界上首次创造性使用"参数描述方法"和高倍率信息压缩及复原技术，开创了汉字印刷的一个崭新时代，彻底变革了中国沿用上百年的铅字印刷技术。中国地球物理学家黄大年为突破西方的技术封锁，带领一支跨学科的研究团队，克服重重困难，研发出快速移动平台探测的技术装备，为中国"巡天、探地、潜海"填补多项技术空白，创造了多项"中国第一"，为我国资源的科学探测做出了突出贡献。

三是严谨求是，学风端正。科学家应该是实事求是的模范，以独立思考、理性严谨的态度对待科学。对于观察的事实，不夸大、不缩小，力求客观准确；对既有的学派理论，不迷信、不盲从，在实践中进行检验和实证。对待自己的科研成果，更要严谨和严格地对待，不为名利所驱使，自觉营造风清气正的学术环境。敢于同弄虚作假的虚浮之风作坚决的斗争，捍卫科学的真理性和学术纯洁性。开普勒利用第谷留下观测的资料对火星轨道作了大量的研究，在制作了无数个的火星运行图并进行了70多次的复杂计算后，他发现：火星的运行轨道的观测数据和第谷留下的圆周运动数据总是存在8弧分的微小误差,大致相当于钟表的秒针在0.02秒的时间里转过的角度,相对茫茫太空来说,这点误差几乎可以忽略不计。然而,开普勒却一丝不苟,尊重观测事实,一定要找到其中的原因。再次投入到紧张的观测和计算中,即便是到了穷困潦倒、连日常吃饭都成问题的地步,他仍然坚持没日没夜地工作。又经过几年的刻苦努力,他终于找到了误差的根源,推翻了火星是沿着圆形轨道运行的错误观念,证实火星是沿着椭圆形轨道运行的,而太阳则位于椭圆形轨道的一个焦点上,用事实捍卫了"日心说"的正确性。20世纪50年代初期,国外一位知名科学家宣称发现了十多个新粒子,我国核物理学家王淦昌经过仔细研究和分析,认为他的结果不可靠,顶住压力指出了所谓"新粒子"的虚伪性。后来的大量科学事实证明了王淦昌的坚持是对的,捍卫了科学的纯洁性。钟南山院士在抗击非典疫情的战役中,迎难而上、亲力亲为,表现出一个科学家严谨求真的治学态度。在当时非典病原体不甚清楚的情况下,他以临床实践为依据,批驳了当时流行的关于"衣原体是病因"的观点,最终以科学的方法证实,非典是由一种新型冠状病毒引起的。正因为他敢于坚持真理,挽救了很多患者的生命。他说:"科学只能实事求是,不能明哲保身,否则受害的将是患者。书本上没有的,只能在实践中摸索。"著名科学家丁肇中,有一次到南京某大学做报告,有学生问:"您觉得太空能找到暗物质吗?"他回答说:"不知道。"又有一位同学站起来问道:"您觉得您的科研有什么经济价值吗?"他又回答说:"不知道。"第三位同学接着问:"您谈一谈未来20年的物理学研究方向吧。"他还是回答:"不知道。"对于没有把握的事,不乱说;不知道的事,不瞎说,这才是一个真正科学家所应该具有的严谨态度。

　　四是淡泊名利,潜心研究,献身科学。居里夫人把千辛万苦得到的镭元素毫无保留地献给了科学;伦琴把X射线发射装置无偿地献给了社会,为人类造福;数学家格里戈里·佩雷尔曼视名利如无物,潜心钻研庞加莱猜想,拒绝了百万奖金和崇高的菲尔兹奖,一心只为探究真理;陈景润一生痴迷数学,在极其简陋的条件下,长年累月地潜心钻研,呕心沥血,别无所求,一次次奋不顾身地向哥德巴赫猜想的难题发起冲锋,真正做到了"衣带渐宽终不悔"和"板凳要坐十年冷"的坚持;邓稼先、郭永怀等隐姓埋名十几年,大漠风沙不改志,为国家的"两弹"事业鞠躬尽瘁;蒋筑英困难时刻冲在前,功名利禄抛身后,献身于祖国的光学事业。

　　五是团结协作,提携后人。科学是一个永无止境的伟大事业,光靠个人的努力是不够的,还需要具有协力攻关的团队精神,培育和提携后人的人梯精神。帮助和提携后人是伟大的科学家的一种人品和胸怀,中国科学家群体,历来是传帮带的楷模。熊庆来呕心沥血培养并提携了华罗庚、严济慈等科技俊才,华罗庚又提携和发现了陈景润等一批数学人才,严济慈又提携了钱三强、钱临照等一批物理学人才。钱三强不仅培养了一大批青年科技英才,他还十分注意发挥他们的主观能动性,鼓励他们独立思考,发表见解,放手让他们大胆探索,对于他们不成熟的或萌芽状态的想法,也总能给予热情支持和平等的交流,经常以自己的经验教训和亲身体会,帮助青年少走弯路。正是由于钱三强等老一辈科学家坚持不懈地对青年科技工作者的鼓励、信任、教诲和示范作用,才涌现了一大批自觉把青春才华和毕生精力奉献给国家核科学事业的后起之秀。理论物理学家周光召在评价钱三强先生时曾感慨道:"熟悉钱先生的人,不会忘记他那宽阔的胸怀,勇挑重担的气魄,杰出的组织才能,甘为人梯的精神,谦逊朴实的作风,以及只求奉献不求索取的高风亮节。在钱先生身上,科学和道德达到了高度统一。"

第三节　科技创新人才必须具备的能力

一、学习能力

　　学习是创新的基础和前提。科技创新人才必须掌握科学的学习方法、养成良好的学习习惯、具备卓越的学习能力,建立起胜任创新工作所必需的知识体系和实验技能。学习对一个科技人员来说是一项终身任务。科技在发展,知识在激增,一个从事科技创新工作的研究人员如果停滞了学习,那他的学术生命就不复存在了。只有勤于学习,善于学习,不断学习,才能跟得上时代进步的步伐,熟悉相关领域的科技前沿,把握本学科发展的脉搏,掌握最新的学术思想和分析方法。不仅要向书本学(包括权威学术专著、专业学术期刊等),也要向同行和同事学,向实践学,善于总结成功的经验,吸取失败的教训,善于在交流与借鉴中丰富自己。要树立理论联系实际的学风,在实践中不断提升自己的创新能力和研究水平。著名数学家华罗庚说过:"在寻求真理的长征中,唯有学习,不断地学习,勤奋地学习,有创造性地学习,才能越崇山,跨峻岭。"法国生物学家法布尔也说过:"学习靠的是觉悟和恒心"。一个人要想献身科学,有所作为,就要从养成良好的学习习惯、培养强大的学习能力做起,在学习中了解科学,熟悉科学,进而激发对科学的兴趣和热爱,树立起热爱真理、追求真理、为科学终生奋斗的远大志向。通过有效的学习,收获知识,培养能力,掌握方法,修炼品性。特别要认真学好经典名著,打牢学科专业基础,并从中感受知识的美、方法的美和技术的美。一部《地质学原理》,令达尔文百读不厌,不断给他灵感和启发。一部《自然的奇迹》,令阿兰·图灵心驰神往,使他立志研究机器智能。作为从事创新创造的科技人员,还要多学习一些科学的方法论,学会客观辩证地看待问题,全面系统地分析问题,有创造性和针对性地解决问题。钱学森说过:"我认为马克思主义哲学和辩证唯物主义就是人类知识的最好的、最正确的、最高的概括。"

学习需要一个好的方法和路径。"学而不思则罔,思而不学则殆",一味地死读书,囫囵吞枣,咬文嚼字,只能被书本牵着鼻子走,势必为书本所累。只有学而思、学而辨,细细揣摩、反复推敲,才能做到举一反三、融会贯通,领悟其精华所在。毛泽东同志说过:"读书是学习,使用也是学习,而且是更重要的学习"。读书学习的目的是为了指导实践和应用。"纸上得来终觉浅,绝知此事要躬行",只有理论与实践相结合去认识和把握问题,才能收到事半功倍的效果。

关于读书学习,前人总结了不少好经验、好方法。循序渐进法可以帮助我们打牢基础,层层递升,温故知新,厚积薄发。比较学习法可以帮助我们在分析比较中掌握不同知识的特点,进行关联思考,提高知识的系统性。团队学习法可以帮助我们感受头脑风暴的威力,相互启发,集思广益,多视角、全方位地看问题。系统学习法可以帮助我们从整体上把握知识结构,建立知识的整体性关联和系统化联系。问题导向学习法可以帮助我们带着问题学,带着目的学,有针对性地补缺补差,活学活用,立竿见影。在学习中增长知识,在学习中发现问题,在学习中提高能力。学习方法的有效性往往因人而异,我们要充分借鉴别人成功的经验和成熟的做法,结合自身的特点,建立起适合自己的独特的学习方法。

英国学者贝弗里奇在《科学研究的艺术》中指出,"成功的科学家往往是兴趣广泛的人。他们的独创精神可能来自他们的博学。"学习中的"博"与"专"一直是一个有争论的问题,它们既有统一的一面,也有矛盾的一面,是一个矛盾的统一体。无博学而难以宏达,无精专而难以致远。处理好二者的辩证关系,对开展科技创新工作十分重要。爱因斯坦的朋友贝索被誉为"相对论的助产士",他知识广博、思维敏捷,但一辈子都没有什么大的建树,就因为他只注意追求博学而没能及时地设定自己明晰的专业目标,无法将知识聚焦,只能流于泛泛。一般来讲,打基础阶段,知识面宜宽广一些、博学一些,既要学好经典,打牢基础,又要尽可能地博闻多学,增长见识。一旦确立了学科目标,定下研究方向,就要力求专精一些,以实现有效聚焦,定点突破。只有这样才能做到博而不杂,博而不泛,实现博大精深。反之,如果仅仅追求在某一狭窄领域的专与精,对相关学术领域的进展和突破不关心、不了解,就难以进行有效的借鉴,考虑问题和研究思路会变得愈来愈窄,局限性可能会愈来愈大。随着学科分工的越来越细,专业知识过于狭窄,就难以看清学科发展的广阔前景和全局走势。即便是只研究一颗星星,也需要通过与其他星星的特点和运行规律进行比较,也需要了解观测科学、遥感科学和计算科学的最新进展。科学研究要求我们在开始收集资料上应尽可能得丰富和全面,尽可能多了解一些背景知识,便于分析加工和提取精要,有了足够的知识空间和想象土壤才能培植出美丽的思想之花。再者,宽阔知识面和明晰的生长点,也有利于产生知识间的杂交优势,找出解决问题的新办法，向科学的深度与广度进军。英国外科医生约瑟夫·李斯特对伤口的化脓问题久思不得其解，好在他是个喜欢关联阅读的人，当读到法国细菌学家巴斯德的著作时，他豁然开朗，认识到造成伤口化脓的真正元凶应该是细菌，由此发明了苯酚杀菌消毒法，解决了手术感染的难题。

从某种意义上说，所谓创新，就是对已有知识的新拓展，建立已有知识的新联系、新融合，或是对已有知识的新解释、新组合。草原科学是最近几十年来新创造的一门科学，实质上它就是建立在植物学、地理学、气象学等学科已有的相关知识之上的新融合与新发展。知识是创新创造的源泉，没有知识的原料和知识的力量就无法完成创新创造。从创造工程学和心理学的角度来说，创新创造有两个层面，一是用新知识分析旧事物，二是用旧知识分析新事物。在前人司空见惯的旧事物面前，要想做出前人没有的新发现，就应该掌握和运用新知识、新方法，从新的角度、新的高点去观察旧事物，用新的技术、新手段去分析旧事物，这样才容易有所发现，有所前进。比如我们过去对出土文物的年代鉴定，都是采用地层学、文献学等间接判断的方法，依据历史文献和器物本身的造型、成色和制作工艺等，进行综合的分析和推断，其准确性和精确性都不能保证。而采用 ^{14}C 同位素鉴定新技术后，可以进行比较精确的年代分析，推动了考古学研究的新发展。而对于从未研究过的新事物、新问题、新现象，一般要先运用已知的各种知识去分析它、解释它，如果行不通，就要另辟蹊径，要创新方法，提出新的设想，构建新的知识体系。我们正处在一个"知识爆炸""信息爆炸"的时代，大量的知识像潮水般涌来，一个人要想掌握自己感兴趣的所有知识是不可能的。因此，就特别需要提高自己筛选知识、学习知识和驾驭知识的能力，处理好博与专、知识的继承与创新的辩证关系。

人的学习过程、接受知识和贮存知识的过程是复杂的。从心理学的角度来说，知识是有层次的，也就是说，人们对各种知识的记忆、理解和掌握程度是不同的。因此，知识所处的能级也就有所不同。只有那些容易被联想和激发的活知识，才能被创新的热情所点燃，爆发出惊人的创新活力。所以对科技创新来说，我们更需要的是那些"可以成为创新创造原料"的知识，可以成为"联想的关节点"和"想象的结构物"的知识。这样的知识其结构应该是开放型的、系统的、耗散型的，并处于创新应用的活化态。要实现这种知识的结构和状态，没有明确的专业目标统领是不行的，没有明晰的研究脉络和主攻方向上的生长点，我们的知识就很难发挥创造活力。应该在确定兴趣目标的前提下，打牢专业基础，厘清研究思路，努力培植创新创造的生长点，并不断地、有目的地学习新知识，吸收更多的成长养料，密切关注相关领域的新进展，善于建立新旧知识间的新联系，善于用新知识、新方法去认识和解决我们面临的新问题、新任务。当然，对任何一个从事科技创新工作的研究者来说，都不可能要求他们在本专业知识之外，还拥有多么宽广的知识面，但如果他能清楚地知道自己的创新工作都需要哪些知识补充，并拥有科学的学习方法和强大的学习能力，他就能及时通过有效的学习去补缺补差，或寻求专业人才的帮助，不断地充实和丰富创新力量。爱因斯坦在用狭义相对论解释引力场现象时，明显感到数学知识的欠缺，他一方面请教他的数学老师闵可夫斯基，另一方面通过自学补充不足，花7年时间潜心学习黎曼几何，终于完成了他钟爱的"广义相对论"的研究工作。爱因斯坦称："如果一个人掌握了他的学科基础理论并且学会独立思考和工作，他必定会找到他自己的道路，而且，比那种主要以获得细节知识为其学习内容的人,他一定会更好地适应科学不断发展的变化。"

二、实践能力(实验、观察和操作的能力)

科学始于实验和观察,实验是科学研究的最基本方法之一。通常要根据科学研究的目的,进行精密严谨的实验设计,尽可能地排除和消解内外干扰,客观评估和揭示影响事物发展变化各因素的地位、作用及其内在联系,并利用一些专门的条件或仪器设备,人为地改变、控制或模拟研究对象,使某一些事物(或过程)再现或改变,从而帮助人们去认识自然现象、自然性质和自然规律。实验(实践)是证实理论和检验假说是否具有真理性的唯一途径。对一个称职的科研人员来说,科学地设计实验,严格地实施实验,细心地观察实验中出现的各种现象,及时准确地收集整理和统计实验结果,是一项必须具备的基本功,也是一项常态化的工作。既要求研究者充分了解本学科发展的历史、现状和未来走势,又要熟悉科学研究的流程、方法和规律,善于通过巧妙的实验设计和完美的实验实施去发现新现象、揭示新问题、实现新证明、获得新结果。按照研究的目的,实验可以有多种类型,可以是卓越的思想实验,也可以是比较常见的实物或实景实验。前者是利用想象和逻辑推理的力量所进行的理论判断,著名的科学家伽利略和爱因斯坦等都擅长通过这类实验,去揭穿谬误、捍卫真理。后者是我们最熟悉的各类需要实际操作和观察的实验,可以是宏观天地的观测,也可是微观分子原子的分析;可以是物理学、化学、生物学等的专业性实验,也可是综合的、交叉的一体化实验;可以是单因素实验,也可以是多因素试验;可以是定量的实验,也可以定性的实验。无论哪一类实验,要获得准确的结果,都必须重视对照的设置和误差的控制,都必须重视数学方法的运用和系统论、信息论、控制论的指导。无论哪种类型的实验,不管用什么方法和理论进行设计,最终都要能有力地证明或明确地回答待解的问题,一个简洁而又有力的实验是一种经验和智慧的高度体现。一个三棱镜实验就能证明太阳的七色光线;一个小孔成像实验就能回答光的传播的性质;根据一束光在两个相同齿轮同步转动中明暗的变化,就能测算出光的速度。这就是科学实验的魅力所在。当然对有些实验来说,是需要不断推进和多次重复的。比如用于治疗人类疾病的药物实验。由于人是有思想、有感情、个体间存在遗传差异和生理差异的实验对象,故要准确地评价药物的疗效,不仅需要严格的对照和大量重复,还需要尽可能消除心理因素的影响(施用安慰剂等)。只有通过大样本、长时间的双盲随机对照实验,才能最终确认药物的疗效。

对实验的完美操作和实施,既是一种实践能力的体现,也是一种责任意识和热心精神的体现。因此,作为一名称职的科技工作者,一定要做到不折不扣地实施实验,一丝不苟地落实实验,要做到这些,没有"严"和"爱"是不行的。实验动手能力和科学实践能力对科技创新绝不是可有可无的技能,而是一种重要的匠心品格,它需要心灵手巧和良好的直觉力,这对实验科学家和发明家来说尤为重要。爱迪生从小就喜欢做化学实验和摆弄机械,即使是意外受伤,也乐此不疲。我国飞机制造"第一人"冯如先生从小就喜欢玩飞鸟、扎风筝、揣摩机械运动的原理,他一直梦想着有一天能飞向蓝天,正是这个梦想支撑着他克服千难万险,成为中国飞向天空的"第一人"。

在实验被正确地实施以后,接下来就是要进行持续不断的科学观察,观察是发现的前提和基础,是一种有目的、有计划和比较持久的知觉活动,对于科学研究是十分重要的。世界著名生理学家巴甫洛夫,在他的研究院门口的石碑上刻下了"观察、观察、再观察"的名句,以此来强调观察对于研究工作的重要性。达尔文也曾经说过:"我没有突出的理解力,也没有过人的机智,只是在觉察那些稍纵即逝的事物并对他们进行精细观察的能力上,我可能是中上之人。"可见,观察力对科学研究的重要性。出色的观察力是发现科学问题的指路灯,是窥测事物内部运动变化的窗口,也是形象思维的发起点。人们可以通过耐心细致的观察去感知事物细微变化,去发现事物在不同条件下的差异,进而寻找事物运动变化的规律。法国昆虫学家法布尔是勤于观察、善于观察的高手,他观察过几百种昆虫的生活习性和生命过程,可以几个小时一动不动地观察昆虫的产卵,可以整夜不睡地观察昆虫的夜间活动,最终完成史诗般的、伟大的昆虫学巨著——《昆虫记》,被誉为"昆虫界的荷马"。通过实验观察可以发现新问题、新矛盾,催生新思想、新理论的诞生。1900年普朗克通过细致的观察发现了黑体辐射与已有热力学理论相互矛盾的事实,从而催生了光量子概念的提出,打开了量子科学的大门。

敏锐的观察力,是以专注力和记忆力为基础的。在遇到新鲜事物和陌生环境时,要能够静下心,集中注意力,使自己对新事物有一个正确而又快速的认识和反映,这是一种创新思维的品质。

观察力是可以培养的。我国古代流传着一个"纪昌学箭"的故事,说的是纪昌为了苦练注意力,冬天他就躺在妻子的织布机下面,两眼不眨地紧盯着飞梭的运动;夏天他细心观察飞蚊的行踪。年复一年,终于练就了专注目标、见微知著的本领,加上恩师飞卫的悉心指导,终于成了一代箭师。伯乐也是善于观察的高手。他相马不光看形体(外观、毛色等),看表现(步态、嘶鸣等),更注重观察精气神等内在的东西,以至于他能从众多马匹中一眼发现"千里马"。这得益于他长期学习和实践所形成的特殊观察力。

当然,推动观察力进步的基础是好奇心,是兴趣爱好的驱使而对某种事物特别的痴迷与关注。弗莱明靠细心与敏锐,发现了青霉菌的抑菌圈;魏格纳也是靠细心和敏锐的观察,从地图中发现了大西洋两岸的海岸线的相似性和互补性,创造性地提出了大陆漂移学说。气象学家竺可桢几十年如一日,坚持对日常的天气和物候观察记载从不间断,记下800多万字的观察日记,包括每天的天气阴晴、气温变化、风向风力、花开花落、鸟来虫出等物候变化等,记得非常认真翔实。正是这些看似平凡的科学观察工作,为竺可桢积累了大量宝贵的第一手资料,也为他创造性地研究中国气候变迁的工作奠定了坚实的基础。但凡有作为的科学家,都怀着一颗对科学的热爱和专注之心对待科学观察,不放过细节,不放过异常,不放过偶然,细心敏锐,长期坚持,终能有所发现,为科学做出贡献。

传统观察的手段与方法,主要有考察、调查、观测、记录等,大都是通过眼、耳、鼻、舌身等感觉器官收集实验资料和进行亲力亲为的实践活动,捕捉可感知的现象与变化。随着科学技术自身的发展,实验观察的范围、手段和方法都发生了革命性变化,各种检测仪器不断地被发明和运用,特别是先进的传感装置、遥感装置的引入和物联网的普及,已经使今天的实验观察工作变得更精确、更快捷、更深入,大大克服了人体器官局限和时空局限,深入进行探微、探远、探深等各项观测活动,小到分子原子,深到万米地层,远至遥遥天际,都可以成为科学观测的对象。不仅能做到准确性,而且还能做到精确定量;不仅可以做到实时在线,而且可以做到仿真模拟。作为创新型科技人才,要主动适应这种新变化,熟练掌握新技术,灵活运用新方法,让我们的实验和观察工作飞得更高,走得更远。

三、思考能力

思考是思维的一种探索活动。思考力则是思维过程中产生的一种具有积极性和创造性的力量,是指研究者针对研究对象进行分析、综合、比较、概括、推理、判断等理性思维的能力。科学家通过长期的实验和观察所获得的数据与事实,必须经过积极地思考才能建立科学概念、提出理论假说、做出切合实际的解释。观察实验和能动思考是科学研究的两翼。只有立足科学事实,借助理性思考的力量才能拨去迷雾,去伪存真,由表及里,逐步接近事实真相的内部联系和本质规律,取得科学的进步和技术的发展。如果科学家只关注经验事实,而不注意理论思考和科学的抽象,人类将无法获得具有普遍指导意义的科学真理,科学的大鹏就无法腾飞万里。前文提到的"曹冲称象"的事例,最大的缺憾就在于"没能进行深入的理性思考和科学抽象",以至于错失了揭示浮力原理的机遇。恩格斯指出:"一个民族要想站在科学的最高峰,就一刻不能没有理论思维。"

对于科技创新来说,思考力不仅是创造活动的基本前提,而且也贯穿于科学活动的始终。因此,我们把思考力特别是理性思考能力看作是科技人才必备的要素和基本功。贝弗里奇说:"精密仪器在现代科学中有重要的作用。但我有时怀疑,人们是否容易忘记科学研究中最重要的工具必须始终是人的头脑。"以至于人们在给苏联物理学家、诺贝尔奖获得者列夫·朗道写传记的时候,曾用了"两次逝世"标题,所谓两次,一是指朗道由于车祸,造成脑损伤剥夺了他作为科学家的基本能力,结束了学术生命;一是指作为普通人的朗道,比科学家朗道又多活了6年。可以毫不夸张地说,思考能力是科学家和发明家的第二生命。

思考力是人的一种天赋能力,但人与人之间,甚至每一个人在他的一生中的不同时期,思维的水平和能力都是有差别的。恩格斯在《自然辩证法》一书中,曾把人的初级思维同动物进行比较,把现代人的思维同古代人进行比较,指出人类思维是进化和发展着的,并指出思维能力是可以在后天加以锻炼和提高的。许多科学家和教育家,都非常重视思考能力的培养和训练。爱因斯坦就曾说过:"高等教育必须重视培养学生具备会思考、探索问题的本领。人们解决世上的所有问题是用了大脑的思维能力和智慧,而不是别的。"研究指出,但凡有作为的科学家和发明家,都具有非凡的思考力。牛顿说过:"思索,继续不断地思索,以待天曙,渐渐地见及光明⋯⋯如果说我对世界有些微贡献的话,那不是由于别的,却只是由于我的辛勤耐久的思索所致。"爱迪生也说过:"我的一切发明都是深思熟虑、严格实验的结果。"这些伟大的科学家和发明家都是勤于思考和善于思考的典范。一个优秀的科技工作者,对待其研究的对象,不仅要弄清"是什么",还要知道"为什么";不仅要知其然,而且还要知其所以然,要有追根溯源、打破砂锅问到底的执着精神,要有"常将天地勤揣摸""不留学问一处疑"的求是精神。牛顿在1665年从剑桥大学毕业后,由于鼠疫在伦敦流行,迫使他回到自己的故乡伍耳索浦。在故乡的两年里,他要么在自己的书房里,要么在园子里的苹果树下,反复地思考,不停地思考,取得了一系列耀眼的思想成果。他曾深情地回忆到:在学校里读书、做实验,固然是做学问,而更重要的是,在有了一定基础之后,必须进行充分的思考,深究其理。

对于多数科学家来说,"勤思"是他们的终身习惯,而"善思"则是其显著特点,古人说:"心,灵物也;不用则常存。小用之则小成,大用之则大成,变用之则至神。"这里所说的"变用",就是善于思考,它对于探索自然的奥秘,揭示客观世界的本质和规律,有极其重要的作用。物理学家恩利克·费米就是善思的典范。1934年春,伊琳娜·居里和她的丈夫宣布了一项重大发现,即用α粒子去轰击稳定的"轻"元素的原子可以使其转变成具有放射性的新物质。他们认为只有像铝元素或数目有限的"轻"元素才能实现这种转变,而对于较"重"的元素,α粒子似乎不起作用。当时物理学界的不少人,都试图用更强的α粒子流去轰击"重"元素以实现这种转变,结果都没有成功。费米对这些失败的原因进行了合理地分析和推测,经过一番思考,他认为:"重"元素原子核外周较强的电子引力,会使α粒子速度变慢,甚至受阻,即使有一些α粒子能接触到"重"元素的原子核,但由于两者正电荷的排斥力,会使碰撞效果大为降低。通过这种"变用"思考,费米决定在入射粒子的选择上将α粒子换成了不带电且具有较大的速度和能量的中子,这样既有利于顺利穿过电子层,也可以不受原子核的排斥,最终费米取得了成功,变不可能成为可能。在科学技术史上,任何一项发现和发明,都是科学家和发明家勤于思考、善于思考的结果。

但是,怎样做到善于思考,却没有一个统一的模式,要具体问题具体分析,这也是科学的魅力所在。尽管如此,我们还是可以从科学家、发明家大量成功的事例中,得到一些带有共性的思考特征。

（一）独立思考

独立思考是科学家和发明家最重要的思维品质。一些科学史工作者、心理学家等，曾对诺贝尔奖获得者以及现代杰出科学家进行过调查和分析，认为他们都"喜欢独立思考，不喜欢思想束缚"，并且能"大胆地提出自己的想法且勇敢地捍卫它"，这几乎是优秀科学家和发明家的共同素质。科学就是探索无限可能的未知，如果思想僵化、人云亦云，缺乏思考的独立性和自主性，就不能做到大胆设想，不能在迷雾中判断真理的方位；也难以做到具体问题具体分析，因时、因地、因情施策，势必偏离科学的宗旨，把科学引向邪路。此外，在解决任何一个科学技术问题的时候，思考的方向和解决问题的办法，常常不是固定的、单一的，而是进步的、变化的，可以进行多种多样的选择。正如构成我们研究和认识的对象也是处在普遍联系和发展变化的过程当中一样，人们认识总不会停在一个水平或一个阶段上。因此，我们的认识要随时跟上变化着的客观世界，就要不断地熟悉新情况、发现新问题，寻找解决问题的新方法、新路径。作为从事科技创新活动的科技工作者必须始终保持思考的独立性，不拘一格，不受羁绊；始终保持自由探索之精神，实事求是，大胆前行。

需要指出的是，人们在思考问题的时候，常常自觉不自觉地受到某些条件的制约或影响，束缚了自己的思想。也会因长期从事某种专项研究，形成一些思维的定势。人们把由于某些条件的限制和影响，从而束缚了自己思考的现象，叫作受条件限制的思维。实验心理学表明，当人们采取特定的思路时，下一次采取同样思路的可能性也越大。这是因为人们在思考中建立的一个个观念之间的联系，每用一次都得到一些加强，以致这种联系不断地牢固起来，于是人们总是喜欢用这种习惯的、固定的思路来考虑或处理同一类问题,被称作"习惯性思维"或"思维定式"。当然,也有因他人影响而形成的受条件限制思维的情况,比如在向他人学习的时候、听他人讲演、阅读他人的文章等,特别是不加分析的机械式学习,都会对独立思考产生某些制约。经常是你拿起一篇文章读下去,觉得说的有道理,然后你又拿起另一篇文章阅读,觉得也有道理,其实这两篇文的观点是有很大不同的,甚至是完全对立的,我们不知不觉地就顺着作者的思路走了下去。哈佛大学医学院曾作过一项"俄罗斯方块效应"实验,参试者连续几天玩这种游戏,大脑非常容易陷入某种固定模式而无法自拔。当用这种固化的视角去审视事物时,就会错过大量显而易见的信息。这些情况都会影响人们的独立思考。作为科技创新型人才,既要善于总结自己、学习别人,又要能从自己和别人的经验中走出来,不唯经验,不唯书本,不唯权威,时刻保持着自己的独立思考和自主判断。

(二)辩证思考和系统思考

辩证思考和系统思维本质上都是把认识对象作为一个有机的系统,作为一个相互联系的整体,从矛盾运动和系统演化入手,研究系统和要素、要素和要素、系统和环境的相互联系和相互作用,进而全面地、综合地、辩证地考察认识对象。因此,辩证思维和系统思维在认识论上是一体的、统一的,都属于马克思主义的认识观。

辩证思维和系统思维是反映和符合客观事物辩证发展过程和系统演变规律的思考方式。其特点是从对象的内在矛盾的运动变化中,从系统要素各个方面的相互联系中考察事物,以便从整体上、本质上完整地认识对象。因此,它们既不同于那种将对象看作静止的、孤立的形而上学思维,也不同于那种把思维形式看作是杂乱的,无章可循的东西。它们运用联系的、运动的、变化的眼光,历史地看待问题;从多角度、多层面、全方位的视角,立体地看待问题。既看到系统的稳定性,又看到系统的变化性;既要看到矛盾对立的一面,又要看到矛盾统一的一面。善于运用归纳和演绎,分析与综合,类比与区别等方法,对两个或两个以上可供选择的事物的相对价值作出判断。善于从矛盾运动、量变到质变、结构与功能等的分析中对事物的性质作出判断。善于从对立的统一中预测和把握科学的发展。爱因斯坦就是辩证思考和系统思考的大师,他一生都在致力于利用对立统一的规律,建立统一场理论。麦克斯韦首次把电力和磁力统一成电磁相互作用,建立了充满辩证思想的麦克斯韦方程。温伯格把弱相互作用和电磁相互作用统一起来,建立了弱电相互作用的统一理论。狄拉克也是运用辩证思维的方法成功地预言了反粒子即反物质的存在。钱学森用辩证思考和系统思考的方法,建立了工程控制系统科学的理论体系。

(三)逆向思考和批判性思考

逆向思考和批判性思考都属于一类反思和求变性质的思考方式,其显著特点是不拘泥现成,不迷信权威,敢于挑战传统,敢于质疑求逆。能够有效地克服思维定式,打破既有的边界藩篱,为科学技术的发展开辟新空间,指引新方向。通常大科学家、大思想家,都具备超强的批判性思考力。爱因斯坦批判了传统牛顿力学的认识局限,建立了相对论,拓展了人类认知的新空间。马克思批判了唯心论和形而上学的理论,建立了辩证唯物主义。哈维批判流行了上千年的血液流变学的传统看法,建立了血液循环的理论。17世纪以前,医学界一直信奉罗马医学家格林关于血液流变的看法,即人的血液产生于肝脏,存在于静脉中,进入右心室后渗过室壁流入左心室,经过动脉送到全身各部,并在体周完全消耗。英国医生哈维依据长期的医学实践和不断反思,对格林的观点提出批判和质疑,他认为血液只能从动脉倒流入静脉,进而流回心脏,才能沿着一条封闭线路完成循环流动。接着,哈维用结扎人体四肢的实验以及解剖学证据,证明由动脉流出来的血液,不是在体周消失,而是流入了静脉,从而完成整个血液的循环。哈维的批判性思考,建立了人体循环生理的研究基础。

发明家大都是逆向思考的高手。日本发明家中田藤三郎就是利用逆向思考,巧妙解决了圆珠笔的漏油问题。圆珠笔是一种非常方便好用的书写用具,但由于笔尖钢珠的磨损,用上一段时间就会出现漏油的问题,十分令人烦恼和沮丧。为解决个问题,大家都把注意力集中在钢珠硬度和耐磨性改进上,但材料的突破是一个艰难而漫长的过程,进展一直不够理想。中田藤三郎却没有在常人的思路上钻牛角尖,而是另辟蹊径,逆向思维。他认为只要将圆珠笔笔管中装油量减少一些,在钢珠没有用坏之前,就将笔管中的笔油用完,便可方便地解决问题。于是他买来大量圆珠笔,反复使用,统计出用圆珠笔写了多少字、用了多少油,笔尖的钢珠开始损坏并出现漏油现象,进而精确计算出笔芯的安全装油量,一举解决了圆珠笔漏油的难题。

隧道二极管发明也是逆向思维的结果。当时日本新电力公司的江崎博士在从事开发新一代的晶体管的工作,主攻方向放在超纯度锗的制作上,然而在达到一定纯度水平后再继续提高非常困难,研究进入了胶着状态。刚刚入职的黑田由里子提出了相反的思路,既然继续提纯走不下去,索性就用掺杂的方法试试,在掺杂量达到原杂质含量的 1 000 倍时,奇迹出现了,显示出负阻特性,由此发明了隧道二极管。

　　我国鞍钢集团矿业有限公司,过去铁矿石的浮选效率低,主要是氧化铁呈多价状态,要进行多次复选才能满足生产需要。后来他们转换思路,进行逆向思维,把浮选铁矿粉改为浮选"杂质"脉石即二氧化硅,一下子把铁矿石的有效成分含量从30%提高到62%,解决了低品位铁矿石富集的难题。

(四)数学思考

　　数学是一种描述事物运动关系的抽象的科学,其推理步骤严格地遵守形式逻辑法则,以保证从"前提"到"结论"的推导过程中,每一个步骤都是准确无误的。所以运用数学的方法,从已知的关系推求未知的关系时,具有逻辑的严密性、描述的精确性和结论的可靠性。

　　因此,数学在科学技术领域中起着普遍的重要作用。马克思曾认为,一种科学只有当它达到了能够运用数学时,才算真正发展了。对事物的运动变化规律的研究,除了要从功能分析中加以把握(从现象到本质),还需要从数量和形态的变化中加以分析和把握,通过数量和形态关系的变化来比较、推演了解事物运动的规律,并抽象为更具普遍性和简洁性的数学模型和数学公式,这种认识过程通常称之为数学思维。数学思维为科学技术提供了简洁的形式化语言、数量分析和计算方法、推理工具和抽象能力,已经成为科学研究的重要思维方式和重要表达方式,被许多优秀科学家和发明家成功地运用着。爱因斯坦在评价牛顿的科学功绩时指出:"在牛顿以前很久,已经有一些有胆识的思想家认为,从简单的物理假说出发,通过纯逻辑的演绎,应当有可能对感官所能知觉的现象做出令人信服的解释。但是,牛顿才是第一个成功地找到了一个用公式清楚表述的基础,从这一基础出发,他能用数学的思维,逻辑地、定量地演绎出范围很广的现象,并且能与经验相符合。"在这里爱因斯坦明确肯定了"数学的思维"在科学思想发展中的历史地位。他在自己的一系列著作中,多次阐发"数学的思维"对于科学认识和科学发展的重要作用。他说过,"自然界是可以想象到的最简单的数学观念的实际体现""以概念和陈述作为一方,以感觉材料作为另一方,这两方面的联系是通过足够完善的计数和量度工作而建立起来的""我坚信,我们能够用纯粹数学的构造来发现概念以及把这些概念联系起来的定律,这些概念和定律是理解自然现象的钥匙……",等等。他的这些思想不仅为他自己的科学实践和创造性思维成果所证明,而且也为整个科技史所证明。爱因斯坦的质能转换公式 $E=mc^2$,就是数学简洁性和准确性的光辉范例。数学思维能力的重要性,随着科学数学化而日益突出,这一点应引起每一位科技工作者的重视,尤其对于工程技术工作者,更有它特殊的意义。

(五)直觉思考

直觉思考又称之为直觉思维或简称直觉。直觉思维不像逻辑思维那样依照某种严谨的准则按部就班地进行,它是一种跳跃式的、无意识的、直接冒出来的心理活动,具有空发性、跳跃性和不自觉性的特点。它来源于潜意识的随即激发,是一种近似预感的能力,与一个人的知识、阅历等丰富的过往经验以及无所不在的感发力有密切关系。虽然有很强的自由性、自发性和偶然性,但却能在很多情况下不知不觉地把你带入创新的目的地。

直觉思维是人类理解和认知世界的渠道之一,能使科学家在知识和经验的基础上,对疑难问题做出及时判断和立即反应。超强的直觉思维能力当然离不开科学家丰富的阅历、系统的知识和对相关问题持之以恒的探索与冥思。当潜意识中不断积累的相关信息受到某种激发时,科学家们往往能在瞬间直接地、非逻辑性地发现问题的线索和解决方案。它在认知过程中让人觉得是毫不费力(实际上这之前已经做了大量的铺垫和积累)且速度惊人地冒出来的一种新想法。当然,直觉并不是万能的,要保证其正确性,往往还需要用理性思维来重建严密的逻辑关系,并与已有的理论体系和科学事实一起形成一个完整的自洽系统。

灵感是一种特殊的直觉思维,是新思想并发时的一种感觉和表现形式,是"长久相思"后的"一朝重逢",是人们在长期思考某问题后的一种顿悟。直觉和灵感在科学发现和技术发明中往往具有超乎想象的作用。爱因斯坦说过,"我相信直觉和灵感""天才就是1%的灵感加上99%的汗水,但那1%的灵感是最重要的,甚至比那99%的汗水都要重要"。或许就是这关键的"临门一脚",冲破了思想局限;就是这瞬间直觉的指引,使你看到真理的曙光。居里夫人在面对刚刚发现不久的铀放射性现象时,直觉就使她坚信,一定有一种放射性更强的元素存在,正是这种直觉的引导使她发现了镭元素,进一步解开了放射性的神秘面纱。物理学家马克斯·劳厄曾对自己科学发现的经历感叹道:"很多人都认为X射线是粒子流,但直觉告诉我它是电磁波",正是"这种直觉的预感击中了正确的目标"。

四、想象和联想能力

想象力和联想力都属于形象思维的范畴,是信息沟通和转化的桥梁,是实现科学发现和发明创造的有力武器。想象力是大脑的一种构图和构象的空间构建能力,也是沟通感性和理性的中介性能力。联想力是由此及彼的信息连接和沟通的能力,或由某人某事而想起相关的人和事的能力。想象力对跨越信息鸿沟、提出科学假说和构建理论大厦的作用是十分巨大的；而联想力对借鉴式创造、启发式发明和联通知识体系的意义也是重大的。所谓科技创新，从某种意义上说就是人们凭借丰富的联想，沟通和活化头脑中的各类相关的信息资源，并通过想象的力量，转化并构建出未曾感知过甚至是未曾存在过的新的知识体系和新的发明创造。

科技创新的产品，主要包括新的概念、新的定律、新的原理（新的假说）、新的方法、新的设计、新的材料、新的工艺、新的产品等。其实在这些新的认识、新的事物出笼之前，研究者们就已经在脑海里对它们可能的状态和性质有了一些基本的构象、构思或设想，在这里起着关键作用的正是想象的力量。因此，人们常常把想象力看作是创造性研究的重要工具。一个人创造才能的大小和精神产品的多少与其想象力的丰富与否直接相关。丰富的想象力是科学生命力旺盛的具体体现，是科学家和发明家从事创造性活动的重要素质，也是创造才能发挥的重要标志。许多著名科学家和发明家都具有非凡的想象力，并对想象力在创新中的重要作用有过非常精彩的论述。爱因斯坦在《论科学》一文中指出："想象力比知识更重要，因为知识是有限的，而想象力概括着世界上的一切，推动着进步，并且是知识进化的源泉。严格地说，想象力是科学研究中的实在因素。"

在科学研究中，往往是通过观察和实验，科学家收集许多漫无秩序的现象和事实，在去粗存细、去伪存真的整理后，就需要借助想象力去理解和连贯它们，建立科学的概念，把握这些现象和事实的共同的本质和属性。如"量子""黑洞""物质波""引力波""无穷集合"等科学概念的提出都充满着丰富的想象。

其实，想象的最大魅力是在信息不充分、不完整的条件下实现思想鸿沟的跨越和科学假说的构建,甚至还能进行现实中无法完成的思想实验,形成超越现实的虚拟场景和奇异的幻想世界。伽利略想象一个物体从没有阻力的斜坡上滚下的情景;爱因斯坦想象着乘坐光线旅行的所见。所谓幻想就是对自然界和人类社会某些事变进程的未来远景所进行的创造性想象,它不仅超过了事变进程,甚至是跑到了事变进程和人类实践尚未到达的地方。但就是这种幻想对科技发展也有着特殊的意义。科学技术史上一些重要的发现或发明都有科学幻想的引导和创造想象的原型。从一定意义上说,任何科学技术成果都是实现人的幻想,现在被证明的或被创造的东西无非是以往被幻想过的东西。《西游记》中描述的千里眼、顺风耳、海里钻、云端行的奇技,不都被人类一一实现了吗?

事实上,想象力在整个科研进程中都在发挥作用。在任何科学实验之前,都要进行实验设计。在实验设计中,研究人员要先在自己的头脑中规划一个技术路径,预想实验所需要的装备,预测可能达到的效果等。这种在实验之前的预先的设想和设计,是科学家发挥想象作用的结果。想象对科学实验的引导作用,最明显地表现在"想象实验"上。"想象实验"又称"思想实验",是把实验对象和条件以及实际步骤转化为观念形态的东西,并在科学家的头脑中进行思维推理和判断的过程。伽利略在向亚里士多德错误观念挑战的时候,就曾成功地运用了想象实验。他假设两个重量不等的球在同一时刻从高塔上落下,按亚里士多德的说法,重球比轻球下落得更快些,重球会先于轻球击中地面。那么,如果设想将这两个重量不等的球用线绳捆连在一起,按亚里士多德的观点,重球受轻球牵制势必要减慢速度,所以整体速度势必会慢一些;但由于重球和轻球又被拴在一起,使得两个球变成了一个比其中任何一个球都要重的整体物,那么,同样按照亚里士多德的观点,这个整体物落下的速度应当更快一些,这样亚里士多德的理论便陷入了矛盾的困境。伽利略认为,要摆脱这个困境,只有一种可能:重的物体和轻的物体下落得一样快!也就是说物体下落的快慢和重量无关!尽管这种想象实验,并不等于实际证明,但它却具有启发性和开拓性的意义。恩斯特·马赫在《论思想实验》一书中对这种实验的作用和意义给予了充分的肯定,他认为,思想实验常常先于物理实验并为物理实验开辟道路。

想象不仅在实验设计和实验的思想预演方面发挥重要作用,它更是"理论假说形成的先驱"。普朗克说:"每一种假说都是想象力发挥作用的产物。"假说是依据已知的科学原理,凭借部分科学事实和经验,对未知的自然现象及其规律所做的假定性解释。它是科学性和假定性的辩证统一,是建立和发展科学理论的桥梁。从有限数量的事实和观察开始,到构建出定律,是想象补充了事实链索中的不足和缺漏,发挥了作为最终导致科学理论建立的"先驱性"作用。几乎所有的科学家在他们创造新理论的活动中,都运用了假说这个有效的方法;而在建立假说的过程中,又都毫无例外地发挥了想象力的作用。现代地质学开创者魏格纳,在查看世界地图时,曾被大西洋两岸的相似性和互补性所吸引。经过充分的思考和大胆的想象,各个大陆在魏格纳的头脑中浮动起来,一幅不寻常的大陆漂移模式图,终于在他的脑海里诞生了。尔后,他又以非凡的毅力穷搜博览,考察追索,在浩瀚的地质学资料的整理和对比中,发现了一系列说明海陆漂移的重要证据。最终,发表了《海陆的起源》这部划时代的地质学论著。

从古至今,人们对未知世界都充满了幻想和憧憬,从而引导人们去探索和发现。每门学科在其发展的早期阶段,由于许多东

西还是未知的,要用许多猜想或设想加以补充,随着知识的不断
创造和积累,其中许多东西逐渐明确起来和固定下来。但随着人
类认识水平的提高和研究方法的改进,新事实与已有的理论可能
又会发生冲突。这时又需要新的想象和实验,以保证科学的革命
性变革。任何学科,都是在稳定的积累和变革交替中发展的,想
象始终是科学进步的前锋。此外,任何理论的成果,也都不可能
通过一次想象的构建达到尽善尽美的地步,这一方面要受到个人
种种条件的限制,另一方面还要受到当时的认识水平和科技水平
等因素的限制。因此,想象过程中的一些错误和瑕疵都是不可避
免的,而鉴别、检验想象成果的正确与错误的标准,只能是科学实
践(实验)。

在科学技术发展史上,通过对已有事实的整理和想象性连
接,提出初步假说,后经过实验和实践去检验、修正、补充和完善
假说的情况都是常见的,甚至是推翻不科学的假说而另外建立新
假说的情况也都是屡见不鲜的。1897年,约瑟夫·约翰·汤姆逊依
据最初的研究资料,想象提出"葡萄干布丁模型"的原子结构,虽
然较之古希腊流传的"原子不可分割的理念"大大前进了一步,但
是还没能深刻地反映出原子结构的本质属性。直到1910年卢瑟
福和他的学生,通过 α 粒子轰击金箔的实验,才通过新的实验资
料和新的想象建立了更为科学的原子结构模型,客观地反映了原
子核和核外电子大小及数量关系。1926年奥地利科学家薛定谔
和德布罗意对电子运动规律进行了数学描述,通过大胆想象,提
出了更接近真理的电子云学说。一次接着一次的想象建造,一次
比一次接近真理。科学就是这样经过"科学试验—理性思考—想
象构建概念和假说—实践证明和修正"的往复循环过程不断地走
向成熟和辉煌。这里特别需要指出的是,理性思维包括数学思维

对想象力的发挥和校正是十分必要的。

总之,想象是贯穿于科学研究全过程不可或缺的创造性力量。它不仅在实验设计、提出假说、建立概念等基础研究上发挥先锋作用,甚至在抽象概念理解上都是不可或缺的。要想深刻理解微积分概念,就不能没有想象力。富兰克林根据自己的认识实践把电想象为一种像流水一样的电流体,对普及电的概念知识是大有裨益的。达·芬奇把声音的传播想象为石头掉进水里产生的波纹涟漪,加深了人们对声音传播的理解。想象在发明创造方面同样也是不可或缺的,如改良某种已有事物的不合理、不经济、不方便之处,建立一种更优质的替代性方案就是一个再造想象或重组想象过程,而设计一个适合特殊人群需要的物品,更离不开超凡的想象力。意大利建筑设计师弗德里克·巴比纳为了给不同类型的精神病人医院设计出更人性化的建筑,不惜把自己想象成一个精神病患者,反复去感受和体验不同的设计风格,终于完成了一个叫 Archiatric 的设计项目。他用独特的几何风格和超现实的手法,设计了适合 16 种不同精神病人的康复病房。但凡对这些精神疾病有了解的人,无不赞叹其高超的艺术匠心。

联想是科技创新的另一途径,当你面对待解的难题时,总会在第一时间里从已有的记忆、知识、印象中等引出一种或几种可类比的事物或经验来,作为解决问题的借鉴和发明创造的启发。人们最熟悉的雷达发明,是受到蝙蝠利用回声探测前方障碍物的启发。搭扣("魔术贴")的发明,受到了苍耳勾刺粘住衣物的启发。飞机的发明也从飞鸟和飞虫那里获得过不少有益的启示。丰富的联想不仅是让你想起同类或类似的事物,也能勾起相关的异类事物甚至是相反的或对立的事物,并从中得到解决问题的借鉴和创造发明的启示。当工厂造出的书写纸出现了严重的墨迹渗透和扩散时,无疑是生产了废品,但如果联想起使用纸擦手时总也吸不住水的烦恼,你可能就会豁然开朗,原来废物不废,只是用错了地方,从此就有了专门的吸水纸生产。

想象力和联想力作为科技创造活动中不可或缺的要素,是因人而异的,并具有跳跃性和不确定性等特点。因此,不可能有一个统一的激发模式可以遵循。但从人类认识的特点和共性出发,总可以找到某些共性的东西。想象和联想总是以一定的社会实践经验和科学知识为基础,以奇妙的形象思维为动力,将感性材料和丰富知识进行巧妙组合和跨越式嫁接,从而生长出新概念、构建起新假说。美国著名教育学家拉尔夫·泰勒认为:"具有丰富知识和经验的人,比只有一种知识和经验的人更容易产生新的联想和独到的见解。"可见我们的知识储量越丰富,感性材料越丰富,提供可能碰撞的火花点就会越多,产生新联想和新设想的可能性也越大。许多科学家都具有广博的知识和卓越的见识,英国著名物理学家卢瑟福,就是凭着从各类实验中得到的感性材料和坚实的知识功底,想象构建出原子结构的微观世界,在原子物理和核物理学方面做出了一系列重大的开创性贡献。

通过想象对研究对象内部机制的图景进行构思时,或者对研究对象的运动规律进行解释和预测时,往往需要理性思维的加持,需要辩证思维和系统思维的帮助,需要通过批判性思维去排除守旧思想的束缚。只有保持思想的自由奔放,才能扬起联想和想象的风帆,科技创新才能行稳致远。

第四节　科技人才创造力的表现和发挥

　　创造力是指人类产生新思想、新发现和创造新事物的能力，是人类特有的完成某种创造性活动所必需的心理品质，是由人的知识、智力、能力及优良的个性品质等复杂的因素综合优化构成的特殊本领。对科技人才来说创造力是其学术生命的活力所在。一个科技人员是否具有创造力，是其科技创新能力的重要体现，也是科技创新型人才的重要标志。无论是创造新概念、新理论、新技术，或是发明新设备、新产品、新方法，都是创造力的具体表现，都是一系列连续的复杂的高水平的心理实践活动。

　　大脑是创造性活动的物质实体。研究指出人类大脑是一个有着约 1 350 厘米^3 的容量，1 400 克质量的复杂生物器官，其中包含约有 1 000 亿个神经元、10^{14} 个大脑突触和 17 万千米的神经纤维，其信息储存的能力在美国国会图书馆藏书的 50 倍以上，且能在 1 秒钟内完成 1 000 亿次的信息传递和交换。目前，一般人大脑开发利用程度仅有其自身潜力的 10% 左右。可以想象一旦人类将大脑皮层中沉睡的细胞全部唤醒，将创造一个何等先进的世界。这说明人的创造力有着巨大的培养和开发潜力，而人的创造能力在不同个体间也是有差异的，它既受到个人能力（学习能力、实践能力、思考能力、想象和联想能力等）的影响，又受到一些主客观因素的影响，尤其受到个人的情绪、心态和意志等心理因素以及科研生态、社会文化等环境因素的影响。因此，创造力一直被人们认为是大脑中的一种复杂而又神秘的生物学活动。尽管如此，研究者依然可以从脑电波（δ 波、θ 波、α 波、β 波和 γ 波等）的变化上、脑部影像学(电子计算机断层扫描CT、核磁共振成像MRI、正电子发射型计算机断层显像PET)图像上乃至大脑对葡萄糖等物质能量的代谢上等找到创造力发挥作用的身影。通过对目前发现的人类5种基本脑波构成的复杂多变的脑电图进行分析,已经知道人的创造力与α波、θ波和γ波的变化有着密切关系。研究指出:人的脑子在充分放松时,θ波就会明显增强,这对冥想和直觉特别重要,可能会比理性思考时产生更多新主意。有时似睡非睡、似醒非醒的梦幻一般的感觉,最能让人摆脱既有思想缰绳的羁绊,让思绪天马行空,往往能产生具有创造性的想法。研究还发现:脑电波中的γ波爆发前(新思想、新主意的爆发前),几乎总伴随着控制视觉的α脑电波(特别是放松状态下)的强度减弱。这表明,脑部在灵感出现前,有意识地抑制视神经细胞的活跃度,就像我们集中注意力时会有意识地闭上双眼,就是为了降低大脑中的杂波,保护好新思想的萌芽。

大量的研究证实,创造力是可以通过学习、培养和练习而不断予以提升的,从小培养起对未知世界的好奇心和科学知识的求知欲,树立献身科学事业的远大理想和坚定志向,通过学习、实践和思考,丰富知识,提升能力,锻炼品格。培养起敏锐的观察力、丰富的联想力和无限的想象力,以便在科学研究中保持旺盛的创造力。

英国心理学家沃拉斯提出了"创造性思维四阶段论"。该理论主要包括:①准备期,全面了解问题的背景属性等,准备解决问题的知识和方法;②酝酿期,放下沉重的研究积累所形成的包袱和负担,将思维活动的重点从意识层面转到潜意识层面,试着放松自己、放飞自己;③灵感期,经过潜伏性的酝酿期之后,产生解决问题的灵感或直觉;④验证期,通过实践活动,对所提出的新思想和新观念给予评价、检验或修正，必要时进入下一个循环。

　　让我们以法国数学家亨利·庞加莱研究富克斯函数的过程来展示创造力发挥作用的神奇。为解开富克斯函数之谜，庞加莱连续进行了15天高强度的准备工作。在这期间，他想了几个试验性的方法，因为这样或者那样的不足，都还是被舍弃了，以致他甚至怀疑这种函数的存在性。直到有一天晚上，他反常地喝了一大杯未加牛奶和白糖的黑咖啡，久久不能入睡，各种想法纷至沓来。想着想着，他恍然大悟，明白了确实存在着要研究的函数，只是未能找到正确方法而已。尽管已有的路似乎都走不通，但他还是得到了一些信心。为了放松心情，他决定出去旅行，暂时"放下"他专注的研究工作，来到了风景秀丽的库塘小镇，他打算乘坐一辆公共马车到处看看，就在踩上马车踏板的一瞬间，灵感突然来了，他马上返回住处验证这突然来临的奇想，向着目标走近了一步，但在接下来的研究时却又遇到了障碍和烦恼。无奈之下，他只好放下这个"烦人的问题"，又去海滨休息了几天。一天早晨，庞加莱沿着海边的峭壁漫步，海风拂面，清新宜人，一种新想法又蓦地浮上心头。于是他坚信，有一种二次型的数论变换与非欧几何变换应该是等价的。回到卡昂后，庞加莱仔细分析二次型的例子，终于找到了那个"不同于以前的由超几何级数构成的另类富克斯函数"。接下来的任务就是构造新的富克斯函数。他顺利地解决了所有外围的问题，而核心问题的攻坚又面临着诸多困难。一天庞加莱漫步穿过一条大街时，挡住他通向胜利终点的红灯终于变成了绿灯，一旦思路上通畅了，后期工作并无多大困难，就这样一篇关于富克斯函数的研究论文终于完成了。它揭示了几何、代数和数论等的内在联系，展现了数学的统一性，对现代数学的发展影响巨大。

在这个充满障碍的艰难研究中,"有意识的研究—潜意识的活动—有意识的研究""专注—放松—灵感—验证"这样的创新思维运动形式表现得淋漓尽致。从中也可以看出,科技创新大都不会一帆风顺,认识的飞跃需要积累,需要不断地冲破既有思想的禁锢,不断地克服前进道路上的一个接一个的困难,坚持到底,永不言弃,终有所成。这在元素周期律的发现、苯环结构的提出、电话机的发明等创造性研究中均可得到印证。无一不说明创造过程的曲折艰辛和创造力的伟大神奇。

第五节　科技创新人才的培养和使用

从上述关于科技创新性人才所应该具备的素质和能力的讨论中,我们不难看到,科技创新能力实质上是学习力、实践(实验)力、思考力和想象力等的综合体现。践行科技创新,既需要知识要素、智力要素以及由其转化而来的能力要素,更需要专注的情感和顽强的精神。良好的个性心理品质,永远是创造的动力。美国一位心理学家对1 528名智力超常儿童,进行了几十年的追踪实验,并对其中成就最大的20%和成就最小的20%进行比较。发现这两组人最明显的差别不是智力,而是他们的个性和意志品质。成绩最大的一组人都有较强的进取心、自信心、事业心和坚持精神。

所以科技创新人才的培养,首先要从培养对科技的兴趣、喜好和热爱做起,树立科学精神。没有对未知世界的好奇心、对科学知识的求知欲、对真理的热爱和敬畏,就不可能有对科学的专注和献身精神,就很难在科技创新上有大作为。创新能力和创新精神的培养必须从小抓起，童年时期对一切未知的东西都充满好奇，问这问那，不厌其烦，这是求知欲的正常表现，正是培养其学习兴趣和热爱自然的最佳时期。因此，聪明的家长总是鼓励孩子大胆发问，哪怕是幼稚可笑的问题、异想天开的想法都不应该被指责，要耐心地引导和启发孩子们对知识的兴趣、对科学的热爱，鼓励其主动学习、积极思考和勇敢实践，使他们从小就能具有创新的勇气、动脑的习惯和对实践的亲近。中小学时期是扩充知识、提升能力、培养品格的关键时期，要尊重人才成长的规律，注重学习能力的培养、知识结构的建造和创造性品格的锻塑，通过传授知识，讲解知识的创造过程和创新路径，教会他们正确的学习方法和思考方法，引导他们独立思考，激发他们对科技创新的兴趣和热情，鼓励他们大胆质疑和提出问题。通过循循善诱实现释疑解惑，通过传扬科学家献身科学、锐意创新、造福人类的感人故事，帮助他们树立科学精神和责任意识，树立正确的人生观、世界观和价值观。

加强科技创新人才的培养，必须从改革教育制度、改善文化生态、探索育人方式的实践入手，把创新人才的基础培养变成学校、家庭和社会自觉的持久的追求。青少年时期是树立理想、发展兴趣的关键期，科学的种子一旦播下，就可能在他（她）们心中长成一棵棵参天大树。纵观科学史，不少有突出创新成就的科学家，在小时候便萌生对科学的热情，而引导他们步入科学殿堂的，往往是一段与科学不经意的相遇。古生物学家周忠和院士喜欢上探秘古生物，源于高中班主任给他订阅的《化石》杂志；我国载人航天工程总设计师周建平院士追梦星辰，结缘于小时候在夜空中，对首颗人造卫星"东方红一号"的执着寻觅。青少年充满梦想、活力十足，他们对科学的热情一经点燃，就可能释放无穷的潜能。建设科技创新强国是一场长跑,离不开一代代人的接力奋斗。培育和激发孩子们的科学兴趣和热情,需要教师、家长及全社会的共同努力,要利用好各类科技馆、展览馆、博物馆等一场场妙趣横生的互动体验,以寓教于乐的方式激发孩子们的奇思妙想;让孩子们通过在自然遗产地、自然保护区、国家公园、森林公园、湿地公园、地质公园等一次次身心愉悦的研游活动中,树立起对大自然的热爱,收获"润物细无声"的知识;通过科学家进校园、科学教育进课堂等有针对性的活动,让科学的种子在越来越多的孩子心中扎根,夯实建设科技强国的根基。

"中小学老师非常重要,因为这是一个社会发展的基础。青年是社会的未来,他们必须受到好的教育,以培养他们的潜能和创造力。"这是著名科学家钱学森先生在归国途中与一位中学教师的谈话实录。当时,钱学森先生就富有远见地指出:"我只是蛋糕表面的糖衣,蛋糕要想味道好,里面的用料必须好。基础非常重要,培养年轻人是一个国家进步的基础。"时至今日,在新一轮科技革命和产业变革加速演进、国际科技竞争日益激烈的环境下,培养青少年科技创新素质已经成为当代教育工作者最重要的任务之一。2017年,国家教育部颁布实施了《义务教育小学科学课程标准》,并于2022年5月专门下达了《关于加强小学科学教师培养的通知》,表明了国家对于科学素质教育的重视,也标志着我国小学阶段的科学教育发展进入了一个新的时代。科学教育直接面向青少年科学素质培养,不仅有助于探索培养优秀科技创新人才的内在规律,助力科技创新人才队伍的基础建设,对提升公众科学素质,建设创新型国家也具有基础性、先导性和全局性作用。

科学教育通过层层递进的科学知识构建和科学精神感悟,让学生持续不断地将自身的日常概念发展成为科学概念,依照认知与学习规律,逐步掌握复杂的知识、概念和方法,加深对科学本质的理解。特别是利用现代技术装备将科学教育与教育技术深度融合,更能突出对知识内容的可视化呈现和对学生学习过程的支持,有利于培养学生在真实情景下理解、解决复杂问题的能力。

目前存在的问题是能够承担科学课程的专业老师明显不足,尤其在欠发达地区和边远乡村,这一情况更为突出。为了让更多孩子的科学潜质得到释放,一方面,需要尽快补齐科学师资短板,通过加强科学教师培训等方式,提升科学教育整体水平;另一方面,可以通过网络课程普惠的优势,进行开放式科学教育。努力缩小地区差距,让更多农村孩子有机会走进科学世界,实现科学梦想。

中小学校还要面向未来,切实营造出有利于青少年创新素养发展的良好生态,让每个孩子都能受到尊重、获得自信、保持兴趣、富有想象、乐于挑战、担当责任。要相信每个学生都有创造力,对他们的各种不合常规的想法要尽可能地包容;要保障学生自主学习、自主思考和自主发展兴趣的时间和空间;围绕学生创新品格、创新思维的培养,做好课程和教学活动的整体设计,营造民主和富有活力的教学文化。学校文化的生成和承载要靠教师,要重视教师自身创新意识与创新思维品质的提升,让教师们理解并践行"教育的任务是毫不例外地使所有人的创造才能和创新潜力都能结出丰硕的果实"的理念。

然而,从现实的情况看,要通过创新育人方式来培养创新人才,我们的基础教育必须在教学理念、教学范式、教学评价等方面进行整体性变革和全方位发力。课程方面应该是丰富、多元而有选择的,教育活动应该是多样而自主的。为强化科学精神和创新意识的培养,应考虑开设一些创新人格和创新思维培养的专设课程或教育活动。积极开展创新素养评价和引导工作,关注学生的思维过程和个性特点,因材施教,减少简单的分数评价和单一僵硬的学业评价。摒弃过时的"五同假设模式"(认为或者要求学生以同样的学习能力、从同一个学习起点出发、在同样的时间内、以同样的学习进度达到同一个学习终点),注重个性化、差异化的教学,鼓励开放式和自我导航式学习,不断拓展创新性教学方式,特别要将参与"科学实践"作为培养青少年的兴趣爱好和科学创造力的重要途径,开展不同的实践样态,注重"六大创新教学法集群"(混合学习、游戏化教学、计算思维、体验学习、具身学习、多元读写与基于讨论的教学)的灵活运用,提倡学习者的参与和协作,以激活教育创新活力。

从一定意义上讲,师生之间、学生之间,围绕有价值的内容进行互动的质量就是课堂教学的质量。在课堂中,学生的好奇心、想象力应受到呵护和激发,质疑、挑战的行为应受到鼓励,教师应关注学生的思维过程、提升其思维品质。要鼓励学生提问,把学生的问题作为重要的教育资源,围绕问题特别是学生提出的问题来组织教学。师生共同探讨和解决这些问题,并激发学生不断提出新问题。这样的课堂能够使学生越学越灵活,越学越自信,越学越开阔,越学"问号"越多且问题越有质量。那种让"孩子们入学时像个问号,毕业时像个句号"的学校教育,该退出历史舞台了。

在注重课堂教育的同时,还要重视课堂以外的自主学习(自觉、自立、自控的学习)。自主学习是学生内在学习动力与学习能力的结合,是学生创新素养的重要体现。要倍加珍视学生的主动性学习,尽可能为学生自主学习提供时间、空间和资源的支持及指导,提高学生自我计划、自我调节的能力,培养他们乐学、专注、负责的品格,使学生的自主学习能力能够在自主学习的实践中得以不断提升。

大学和研究生的教育是培养其独立思考、独立人格、创新觉悟、发现和解决问题能力的关键期。通过启发式教育、研究型教育、理论与实践相结合的教育,培养其独立提出问题、科学分析问题和创造性解决问题的能力。这对未来国家科技的发展和科研水平的提高意义重大。在倡导大学生搞科研、培养其科学素养方面,不少国家都进行过先期探索。如美国《国家科学教育标准》中就把"获取知识、领悟科学家研究自然界所用的方法而进行的种种活动"作为重要的"探索"活动,并把探究教学由低级到高级,分为五种模式:①萨其曼探究(Suchman's Inquiry)教学模式;②有结构的探究(Structured Inquiry)教学模式;③指导型探究(Guided Inquiry)教学模式;④自由探究(Free Inquiry)教学模式;⑤学习环(The Learning Cycle)教学模式。

我们应该结合自身实际,在鼓励学生"多学、多看、多想、多问、多干"上下功夫。"多学"不仅是要学习专业知识,更要学习科学方法和实验技能;既要向书本学,更要向实践学;树立"学而思、学而辩、学而疑"的学习观念。"多看(观察)"就是要专注用心,细致敏锐,不放过细节、不放过异常、不放过偶然,要能透过现象看本质。"多想"就是要勤于思考、善于思考、独立思考,既要善于分析比较、归纳综合、推理判断,强化逻辑思维和理性思维;又要善于联想、大胆想象等,强化形象思维;还要学会辩证思维和系统思维,勇敢地进行批判性思维,想别人未曾想,敢于提出不同的意见和看法。"多问"就是要敢于设问、敢于质疑、敢于争辩,要有打破砂锅问到底的精神。"多干"就是要多参加实践活动,在干中学、在学中干,在实践中增长创新才干。这样培养出来的学生,往往具有良好的科研适应性和较强的科技创造力。一旦进入科技创新工作岗位,便能很快地融入并发挥生力军作用。

青年科技人才精力旺盛、创新活力强、条条框框束缚少,对新知识、新技术感知更敏锐,对新事物的接受度更高,是科技创新的黄金期,如果能够引导得力、使用得当,往往能够做出一些非凡的创造性成果。有研究表明,自然科学家发明创造的最佳年龄段是25~45岁。我国青年科技人才储备丰富,据中国科协创新院发布的《中国科技人力资源发展研究报告(2020)》显示,截至2019年年底,我国39岁以下的科技人力资源占比达到了78.39%。这是一批十分珍贵的科技人才资源。如能在他们成才的关口期,加大支持和扶植力度,多给一些施展机会和发展空间,就能帮助他们尽快走出摸索期,催生出创新的"奇果异香"。

我国的科技创新实践充分证明,青年科技人才蕴藏着巨大的创新潜力,能够挑大梁、创佳绩。无论是在科技创新前沿,还是突破关键核心技术的战场,青年人才都扮演着越来越重要的角色。"天宫"览胜、"嫦娥"奔月、"蛟龙"入海、"天眼"探空、"墨子"传信、"北斗"导航、5G研发、九章计算等,其背后的核心科研团队,大多平均年龄不到40岁。

同时也应该看到,在营造青年科技人才成长的环境上,我们仍存在一些亟待解决的问题。在不少领域,青年科技人才仍然存在担纲机会少、成长通道窄、生活压力大等问题。尤其是"四唯"的条条框框,使得一些青年人才把精力过多投入到职称评审、项目申报、"帽子"竞争上,陷入世俗功利,扼杀了年轻人的创造力。要针对目前青年科技创新人才作用发挥中的短板和制约,大刀阔斧地进行改革。建立青年科技人才的培养、使用、激励和竞争的良好体制机制,培育好有利他们成长成才的沃土,积极帮助和引导他们克服成长中的困难和问题,创造条件解除他们的后顾之忧,让他们心无旁骛地做研究、搞创新,切实担当起建立现代化科技强国的伟大重任。

第六节 科技创新型人才成长和发展中需要注意的问题

一、培养好奇心与敬畏心

科学上即便是一个很小的分支领域,也是众多先行者或当代同行者,经历探索和创新的接力逐步建立起来的。那里记录着该领域众多开拓者与探索者的精彩故事,积淀着该领域的知识和研究方法的经典。当你首次进入这一学术殿堂,要经历一个观宝人到寻宝人、探宝人的身份转化。在这一过程中,有两个心态是非常重要的,就是要保持好奇心与敬畏心。

爱因斯坦曾说:"我没有特别的天赋,我只有强烈的好奇心。"好奇心是人类在长期进化过程中形成的天性和本能。有研究指出,人类的好奇心是随着人类特有的大脑皮层的形成和发展起来的。拥有好奇心的动物适应性往往更强,从动物的感性好奇心跃变成人类的认知好奇心,最后演变成追求更多、更好认知的冲动,形成了人类探索自然奥秘、追求科学知识的驱动力。

好奇心在基因和脑神经科学层面的机制还很不清楚,但有研究发现人类好奇心与大脑的奖赏系统有关联。奖赏系统是一个以多巴胺神经元为主轴的神经回路,能激励做出有利于个体生存和物种延续的行为,并使之产生愉悦感。这也是为什么人类的好奇心能够使其对新鲜事物的渴望情绪变成愉悦追求的原因。问题在于我们怎样激发、保持和增强我们对科技创新内在的好奇心。对于新加盟的研究者来说,这关系到科学研究过程是否产生发自内心的兴趣、是否有发现的惊喜、是否能在艰辛中享受过程,并最终获得自我期待的成功。虽然人类的好奇心与生俱来,但好奇心衰退的现象也十分常见。心理学研究发现,过分自信与过分不自信都可能使好奇心淡漠。成年人通过长期的学习,大脑中通过长期记忆积累一些知识后,对很多问题有自己的解答,由此产生的自信会使好奇心减退。另一方面,过于自卑、妄自菲薄以及经常忧心忡忡的人,好奇心相对淡漠。此外,过于忙碌、过多具体事务缠身的人的好奇心也会受到影响。那么,新来的研究者怎样才能提升对即将开始的研究的好奇心呢? 心理学研究认为,并非对一个问题完全无知让我们产生好奇,而是已有信息的缺口让我们产生好奇。德国哲学家费尔巴哈说过:"人们只想知道他们能够理解的东西。"英国著名心理学家伊恩·莱斯利认为:"好奇因理解而产生,又可被未知所激发。"因此,对于初来的研究者而言,首先要学习和建立该领域合理的知识结构,广泛涉猎学科基本知识,了解该研究领域的发展脉络和未来前景,知道还有哪些科学问题没有解决、有什么理论与实践意义,以及你本人对哪些问题更好奇,尝试提出自己对解决问题的想法,从而激发你的兴趣和能动性。也就是说,学习引发好奇,好奇催生兴趣和研究的动力。美籍华裔物理学家、诺贝尔奖获得者丁肇中在说到自己一生最大的追求时表示:"我毕生的追求,就是满足自己的好奇心,也就是兴趣。"

对于刚进入学术领域的研究者来说,不光要有走进科学殿堂的好奇心,更应该怀有一种敬畏之心、热爱之心。人们常常对充满奥秘的东西表现好奇,对神圣崇高的东西感觉到敬畏,而科学正是这种神圣而又充满奥秘的东西,值得我们心怀虔诚、一生追求,而只有心存敬畏、无怨无悔的探宝者才有希望抵达光辉的境界。中国人早就认识到敬畏之心对行为与事业的重要性。朱熹在《中庸注》中说道:"君子之心,常存敬畏。"曾国藩也曾说过:"心存敬畏,方能行有所止。"敬畏是一种境界,一种因敬重而谦卑的境界。常怀敬畏,内心就自然产生一股庄严与崇高的正气,不骄不躁;常怀敬畏,便会有底线、知进退,能自我约束、自我警戒;常怀敬畏,就会诚实谦恭,不说假话,不为外物所左右,不为名利所干扰,踏踏实实干事,干干净净做人。敬畏之心应该成为每一名科学研究者的心灵境界,成为抵御投机取巧、弄虚作假的心理防线。

有了敬畏之心,才不会亵渎科学的神圣,捍卫学术真理高于一切,敢于同一切伪科学、假科学做最坚决的斗争。一旦发现自己有错误,就要勇于公开承认和改正自己的错误。

只有把对科学的好奇、兴趣与敬重坚持下去,成为一种心理习惯和自觉行动,便会升华为对科学的由衷热爱和不变的信仰,才能在探索科学道路上行稳致远。

二、确立目标、循序渐进、持之以恒

每一个即将进入科学技术殿堂的探索者,都要为自己的研究和创新设立方向和目标,选择自己的主攻阵地和优先目标。这一方面是靠着兴趣的指引、社会的需要,同时也是基于自己对科学问题和研究前景的综合性判断,当然成功的榜样和师长的建议有时也会对目标的选择产生一定的影响。通常创新目标的凝练过程不是一蹴而就的,而是一个不断梳理思路和聚焦赋能的过程。这中间难免会有反复、犹豫和徘徊,在确定目标过程中肯定少不了理性的思考,但有时说不清、道不明的直觉也会起到十分很重要的作用。

著名的数学家、菲尔兹奖得主丘成桐在选择自己的主攻方向上,硬是靠着兴趣与直觉,毅然放弃了老师指定的"黎曼猜想"的研究,专攻自己心仪的"卡拉比猜想"。他把几何与非线性偏微分方程结合起来,建立了几何分析的新方法,最终圆满证实了卡拉比猜想,取得了巨大的成功。他常说:"天才的学术方向是自己找到的,不完全是导师指定的。"诺贝尔经济学奖获得者阿马蒂亚·森也是背离了其导师琼·罗宾逊指引的方向,而执着研究福利经济学,从而获得了巨大的成功。杨振宁先生在谈到怎样去寻找理想的研究方向时说道:"研究领域就像菜园子,做科研就像刨坑挖菜,选园子是关键,一般人们很容易进入比较成熟的园子,园子里已经被刨了许多坑,挖出了很多东西,因此跟着进去也可能会挖出萝卜,但就算你花很大力气再刨出一两个坑,后面也没有多少可以发掘的了,那时你就得换一个园子;可一生换上这么三两个园子,你就做不出什么特别好的东西了;所以,选择研究方向要尽量挑一个几乎空白的、很少有人耕耘的园子,闯进去,然后认真刨坑,就会挖出不少新东西。"这就是说,选择目标很重要,一旦确立了正确的目标以后,就要不停地耕耘,努力使目标成为自己的生命,不能见异思迁、朝令夕改。爱迪生在确定自己的创造目标之后,通常会竭尽全力去阅读那些与自己计划目标有关的书籍资料,读了一本又一本,读完了再买。他读够了书,胸中有了基本的盘算,才开始在实验室里不分昼夜地工作起来。在实践中校正和完善目标也是常有的事,这会使目标更贴近实际,离真理更近一些。

对解决复杂的问题和攻克长远的目标,不可能毕其功于一役,更多地需要循序渐进和持之以恒。而急于求成、根基不实,往往会适得其反。华罗庚说过:"要循序渐进,我走过的道路,就是一条循序渐进的道路。"人的思维总是由低级到高级有秩序地展开着,即首先从最简单的问题开始,继而是稍复杂的问题,再按部就班地往前进,最后到达最复杂的问题。关于持之以恒,布朗尼科夫斯基说过:"要持之以恒,因为许多问题的解决,绝不是一次进攻就能攻下来的。"车尔尼雪夫斯基坚定地认为:"只有毅力才会使我们成功;而毅力的来源,又在于毫不动摇,采取各种手段,不达成功绝不罢休。"在他看来,持之以恒有三个原则需要把握:一是要有一个强烈的愿望,最好的主意往往出自那些渴望成功的人;二是必须为自己创造一种紧迫感,科学是需要一个人贡献出毕生的精力的事业,即令每个人有两次生命,时间也还是不够的,所以要求每个人都要热情和紧张地工作;三是要有韧性,一步登天的事,实际上是不会有的。

一而再,再而三的失败可能是成功路上的路标,只有耐得住寂寞、攀登不停的人,才有希望达到光辉的顶点。法拉第的"磁生电"的研究可称之为持之以恒的经典范例。1919年,奥斯特发现"电能生磁"。那么反过来磁能否生电呢?法拉第决心用实验来回答。他留下了一个不寻常的日记本,在第一页上写着:"对!必须转磁为电。"以后,在每一页日记上写下日期以后,只写了一个字:"NO"(不成)。这种记日记的方式,从1822—1831年持续了近10年时间,竟千篇一律地没有变动过。直至1831年10月17日这一天,他才记下另一个字:"Yes","磁能生电"获得了成功,它来自于十年如一日的漫长坚持。苹果电脑公司创始人史蒂夫·乔布斯，在生命的最后时刻给斯坦福学生们留下的建议是："Stay Hungry，Stay Foolish。"有人将其翻译为"求知若饥，虚心若愚"，而"Stay"则是那份不可或缺的坚持，也是科学研究中最为难得的品格。

三、正确地对待个人兴趣和集体目标

当青年学者走出校门进入一个新的研究单位，或加入一个新的研究团队，大都是先从助手做起的。但这并不等于自己就没有独立的科研想法和为实现这些想法而跃跃欲试的冲动，这是很正常的现象，也是合情合理的。但从工作的大局来说，我们又必须服从和服务于团队的既定目标，听从团队负责人或项目（课题）主持人的工作安排。如果个人兴趣与团队目标一致，当然是皆大欢喜。如果不一致或有一些偏离，作为青年科技人员，一方面要积极融入团队研究，做好本职工作，积累多方面的研究经验；同时也不要轻易放弃自己的个人兴趣和新奇的想法，并试着和团队负责人沟通自己的想法，争取纳入团队研究的范围，或是争取利用现有的实验室条件和设备，先做一些预演性实验，争取实现一些有价值的展现，为日后开拓新领域、开展新研究创造机会。只要摆正个人与团队的关系，在一般情况下，个人的好想法、新思路，最终会得到领导和同事们的支持。当然，目前我国现有的科研体制和传统，提供给青年科技工作者展现才华的机会和条件不是很充分，但这不是你可以气馁的理由，一切美好的结果，都产生于顽强坚持下的努力之中。

而当你成为项目的主持人或创新主角时，同样需要同事的配

合、团队的协作。同样也面临着年轻人培养和使用的问题，就像你当初加入一个新团队一样；年轻的科技人员也会同你当年一样，有他们自己的兴趣和想法，这时你一定要换位思考，尽可能地给年轻人多留一些自主研究的空间，留出一些"自由地"供他们自由探索，说不定他们日后会像你一样成为独当一面的科技英才。

四、正确对待失败和失误

对从事创新创造的探索者来说，失败和失误是在所难免的，关键是要正确地看待，认真分析原因，从中汲取经验和教训，不断地改进和完善科研工作。科研工作的失败和失误，可能产生于科学实验的不同环节，如实验设计上考虑得不充分、不全面、不严密，没能恰当地设置处理或对照，甚至有些重要的影响因素没能考虑进去等。最常见的疏忽和失误是对照设置不充分，如没能合理地设置正对照、负对照或空白对照等。如某医学杂志刊登了一篇关于"超低剂量阿司匹林致栓"的论文，与多数文献报道的结果不同，论文强调极低剂量下阿司匹林（10~60 mg/kg）有致栓的作用，后经检查发现作者在研究中未设空白溶剂的对照，因而造成了误判。还有就是使用的实验材料与方法上存在的问题，如实验材料的不一致性（如活体材料纯度、生理状态差异等）、试剂药品的杂质干扰、实验仪器的不稳定等，都能造成实验结果的偏差；再有就是统计与分析方法的不科学，没能科学地估计和充分地排除实验误差的影响，最后导致实验结论不严谨，不可靠，经不起重复验证和实践的考验。上述这些失误和失败主要源于粗心疏忽、经验不足或不够严谨，通过认真细致的改进和严格的重复验证，是可以避免的。

当然,那些由于现实条件的局限,如提供的实验手段和可用信息不充分、不完整,或者由于学术认识上的局限而使得你提出的设想或科学假说被推翻或被更正的情况是经常发生的,从一定意义上来说,这也是科学得以前进的动力之一。日本学者野口英世在研究黄热病时(那时电子显微镜还没有发明),他仅从几个有限的病例的血液中分离出了钩端螺旋体,就草率宣称自己发现了黄热病的病原体。然而,随着研究病例的增多和研究手段的进步,他的看法很快就被否决了。黄热病致病的真正元凶是一种比钩端螺旋体更微小的病毒,他最终也是在与黄热病的斗争中不幸离世。尽管他的研究中有所失误,但科学还是记住了他的贡献。

有些失败和错误,则是由于违反了科研原则或急功近利。有位研究者因为接受了化妆品厂家资助,要求通过同位素检测实验证实超氧化物歧化酶(Superoxide dismutase, SOD)透皮吸收的效果。研究者由于急于想得到厂家所需的结果,把脱落的同位素标记物的干扰误认为是皮下同位素吸收的证据,没经过进一步的重复验证和严格对比,就草率地向厂家发送了"SOD能够透过皮肤吸收"的错误结论,酿成了一例极其严重的科研失误。

科学是老老实实的学问,不能先入为主、主观武断,以想当然去代替事实,更不允许为某种目的去歪曲或篡改事实。法国化学家贝托雷和他的学生盖·吕萨克,在尊重科学精神方面给我们树立了榜样。当时围绕着定比定律,贝托雷正在同化学家普鲁斯特进行一场激烈的学术争论。贝托雷让盖·吕萨克用实验事实来证明自己的观点,给对方以驳斥。然而,盖·吕萨克经过反复的实验,所记录到的事实都证明其导师的观点是错误的。他毫不犹豫地将这个结果如实地汇报给老师,师生二人"要真理不要面子",勇敢地肯定了对手的观点,在科学史上传为佳话。

在科学实验中,任何形式的"操纵事实和数据"的行为都是应该被禁止的。无论是有意地还是无意地篡改实验结果,以适应自己的心理偏好和心理预期的行为都是不允许的,这样做的后果有可能会使你越来越偏离真相。当然,这并不意味着要丢掉我们的主观能动性和积极的实验态度。相反的,在科学实验中,应该随时随地保持积极的思维活动能力,这有助于更好地进行实验和观察,有助于获取更多、更真实的科研资料。

而有些"失败和失误",如果处理得好,有可能会化腐朽为神奇,产生意外的收获,甚至会成为新成功的起点。日本一位叫作田中耕的研究人员,开始就是一位普通的实验操作员,就是在一次错误操作中,误打误撞地改写了生物大分子分离提取的历史,获得诺贝尔化学奖。他原本是打算研究丙酮-钴试剂在分离生物大分子时的特殊作用,却因为操作失误,错把甘油加入到了钴试剂中。因为觉得钴试剂挺贵的,丢掉了很可惜,从小就习惯勤俭节约和对新事物好奇的他,决定将错就错,把测试进行到底,看看到底会发生什么结果?没想到甘油-钴试剂竟然使生物大分子相互完整地分离了,成功地将蛋白质大分子提取出来,为医学以及生物学研究提供了很重要的助力——而在这之前,很多科学家想破了脑袋都没能搞定的事,就这样被一次失误给解决了。当然,这中间虽然有很大的运气成分,但也与其好奇心与坚持力有密切关联。

第一种治疗阳痿药物的发现也是在失败中诞生的。20世纪90年代前后,辉瑞制药公司的科学家们尝试研制一种治疗心绞痛和心脏缺血的药物UK-92480。研究人员希望这种药物能够强迫血管扩张,以解决心绞痛病人心脏缺氧的问题。但临床试验却以失败而告终,要么没有疗效,要么药效持续时间太短,而经常服用该药还能引发肌肉疼痛,按道理就可以直接宣判该药的"死刑"了。但负责研发的科技人员仍不死心,他们在细心审查试验记录后,发现一些奇特的"副作用",即有些志愿者在服药的数天后,其阳痿问题有所改善。于是,他们重新组织了3 000名"阳痿症"志愿者进行该药物治疗的临床试验,结果取得了巨大成功。1998年初,一种叫作"伟哥"的新药被批准上市销售。

以上这些例子说明,创新过程中有些意外的失误和失败,可以通过学习、改进、提高而予以有效避免和克服;有些则可以通过辩证思维和逆向思维,转败为胜。关键是一定要客观、理性、实事求是地对待实验结果,不能掺入任何个人的情绪和利益,任何结论都要经得起推敲、重复和验证,这既是对科研工作的负责,也是对自己学术生命的负责。

五、正确地对待批评和交流

学术批评和学术交流,是科学精神的应有之意,也是良好学术风气和学术氛围的重要体现。科学通过交流而兴旺发达,通过批评而成熟完善。一个富有创新活力的研究团队,一定是能充分进行学术交流并踊跃地开展学术批评和学术争论的集体;而一个成熟的团队学术带头人或首席科学家,也一定要具有海纳百川的胸怀和接受批评的勇气。华罗庚给我们树立了一个榜样。1956年的一天,他收到一封陌生人的来信,信中指出了他的名著《堆垒素数论》中的一些差错,并无不幽默地说:"明星上落下的微尘,我愿帮你拭去。"华罗庚的这部名著自从1941年问世以后,听到的是中外专家的一片赞美之辞。现在听到了质疑之声,他不禁连声叫好。当他进一步了解得知这批评之声来自一个20岁出头的年轻人时，更是喜出望外，仿佛看到了自己当年的影子。此人就是在厦门大学数学系担任助教的陈景润。他在1956年发表了《塔内问题》，改进了华罗庚在《堆垒素数论》中的结果。华罗庚看完陈景润的《塔内问题》一文后，感觉这位年轻人非常有天赋，是个可造之才。华罗庚当时正在北京参加一场数学研讨会，他立即在会上宣读了这封信，并把写信的这位普通教师请来参加会议。二人很快成为忘年之交。1957年9月，华罗庚将他调入中国科学院数学研究所工作，为他日后冲击"哥德巴赫猜想"这一世界性难题创造了条件。

关于科学交流，萧伯纳说："倘若你有一个苹果，我也有一个苹果，彼此交换，你和我仍然是各有一个苹果。倘若你有一个想法，我也有一个想法，彼此交流想法，我们每个人将各有两个想法。"同样的道理，当一个人研究问题时，他可能反复思考这个问题许多次，而这些思考往往都是沿着同一个思路进行的，容易陷入思维惯性。美国航空航天局的一位学术负责人曾经尝试让不同的研究组、技术室的人在一起吃饭聊天，让研究物理的、研究化学的、研究数学的人有机会相互交流、互相启发，从而引发更多的奇思妙想。至于集体讨论或问题辩论，更是交流想法的有效形式，不仅对听的人有帮助，对说的人同样也有好处。人们常有这样的体验，当你向别人反复解释你自己还不完全清楚的问题时，经过几遍解释，不仅让听的人明白了，连讲的人自己也厘清了思路。

六、正确地对待成功和荣誉

科技工作者通过努力钻研，取得了一定的学术成就，是一种科学责任与工作价值的体现。切忌沾沾自喜、飘飘然,要避免走向保守,丧失了创新激情。即便是非常成功的科学家,如果不能继续保持谦虚进取的作风与学风,也会逐步走向平庸。尤其是那些已经在自己开辟的领域里纵横捭阖的人,往往对新的闯入者有一种轻视或傲慢,甚至产生不屑一顾的心理。1888年,已名满全球的德国物理学家赫兹收到了一位新人的来信,信中这个新人提出了"利用电磁波进行远程无线通信"的构想。赫兹不假思索的否定道:"这不可能办到,除非你能造一个比欧洲大陆还大的反射装置。"但就在他说完这句话的5年后,一位叫马可尼的工程师,通过信号放大技术,成功造出了占地面积仅17米^{2}的收发装置,进而成为世界无线通信业的先驱。英国科学家戴维是一位伟大的学者,他发现了钠、钾、氯、氟、碘等许多重要化学元素,发明了安全灯和制取电弧的方法,也是电磁领域的研究权威。然而,他自从获得爵士和皇家学会会长荣誉以后,开始不自觉地走上了爱慕虚荣、故步自封的道路,当他看到学生和助手——法拉第即将超过自己的时候,妒火燃烧,乃至全力打压,给我们留下的教训是非常深刻的。

一个科学工作者,在向科学领域进军和深耕的同时,也要不断地改造主观世界,提升自己的思想境界和心胸格局。特别是在有了名誉、地位以后,则更应如此。自然界是发展着的,科学也是在不断进步的,人类的认识总要不断提高,学生终究要超过老师,这是历史的必然。始终保持对科学的敬畏心和进取心,指引和鼓励后来者实现超越,应该成为每一个负责任的科学家应该坚持的本色和底线。

七、要自觉地遵守科技工作者的行为准则

作为一个正直的、受人尊重的科学家,要模范遵守科技工作者的学术道德和行为规范。坚持从每一个科研细节上做起,在项目申请上,要提出真实而有价值的问题,设计科学可行的技术路线,预期目标和结果要可检查、可重复、可追溯,要保证提交的信息真实有效,并且愿意将其置于严格的评审程序之下。在实验操作上,要在科学界所公认的标准程序下获得能够重复观察与实验的事实,科学结论必须在可靠观察、严格对比、严密推理、重复验证的基础上得出,并把观察和实验的时间、地点、环境、过程、手段、结果和操作者都清晰地记录下来,以供人们相互检查和监督,并作为重复观察与实验的依据。可检验性是科学与非科学区别的基本标志,只有把可重复、可检验、可追溯作为基本要求,把严谨求实、精益求精作为不懈追求,把科学方法的运用作为揭示真理的钥匙,才能真正把经过最后验证的东西变成确定性的知识即科学知识。实践表明:只有受控实验、数学归纳、逻辑分析、概念抽象等科学方法才能确保结果和结论的正确性,而理性与经验相结合则成为科学区别于其他文化的本质标志。有了科学的结论,最后还要以清晰的语言表述和系统化的理论来解释,在结构上追求严谨的逻辑性。论文的发表是通报自己的研究进展和研究成果,提醒同行在相关科学研究中需要注意的问题,以便科学共同体进行重复检验和知识的推广。由于科学研究的成败具有不确定性,需要大量的经费和人力投入,同时又负有为后来者探路指路的重任,因而对科学家施以严格的科学道德约束和行为规范尤为必要。

随着研究者地位的提升和资历的加深,肯定会对那些自己了

解的人甚至是亲朋好友的论文（著）出版、资助申请、申报奖励、任职晋升等进行评审、评价或产生一定的影响。在利益和情感面前如何保证自己的良知，是一名科学工作者不容回避的问题，作为追求真理的科学家，不应该做出有违职业操守的事情。企业在开发新产品和新成果时，会雇佣一些专业科研人员加盟工作，这本是"科技服务经济"的好事情。但也要注意，在丰盛的物质利益面前，切记保持科学严谨的态度，对新产品做到绝对客观的评价，避免新产品问世后可能出现的质量和技术问题。

切记无论何时何地都要在科学面前保持敬畏之心，杜绝急于求成的"出格越线"和不符合实际的捧场奉承。你所担任的学术职务越高、影响力越大，你的学术权力就越有可能被利益滥用。在这个问题上，你的选择不能有半点含糊，首先要明确原则和大局，在行动过程中尽可能保持客观，秉持公平正义，这会让你得到科学界的尊重。在涉及你的学生、朋友、同事和当下的合作者时，需要把利益冲突说清楚，一旦讨论到敏感问题，你通常应该选择主动回避。守护学术界的一方净土是每一个科技工作者的共同责任，尤其是有影响力的科技创新型人才，更应该以身作则，带头弘扬正气。

第四章

科技创新的组织平台及支持体系

第一节　科技创新平台的功用及发展

贝弗里奇说过："科学家一个人时，往往停滞而无生气，在群体中能相互发生一种类似'共生'的作用，成为在研究机构工作的最大的有利条件。"良好的组织体系，是发挥协同效应的基础和必要条件。个别的蜜蜂或蚂蚁能做的事情有限，只有联合组织起来，才能完成个体根本无法完成的任务。通过搭建科研平台，对科技人员进行有效组织，创造一个协同共生、竞争向上的优良环境，对高效开展科技创新工作是十分重要的。

从科技创新的组织形式和依托平台发展的历史看，最初的科学研究，纯属个人兴趣和爱好，技术的改进与发明也是个人的事，科学的研究者和技术发明者都是个体工作者，虽然也有师徒传承和助手相助，但主体上都是个人的行为。后来人类逐步认识到交流与讨论对科学发展十分重要，公开、系统的知识传承也有效促进了社会进步，于是就开始有了学术组织。创办于公元前385年左右的柏拉图学园，首创了开放性研讨之学风，率先组织开展数学研究，在学园的门楣上铭刻了"不习几何者不得入内"的警句，培养出了亚里士多德等杰出学者。中国也几乎在同时期（公元前350年左右，齐桓公、齐威王时期），建立了堪比柏拉图学园的"稷下学宫"。"学宫"乃是中国古代的文化讲习之所，也就是古代的中国大学，经历几十年的发展，到齐宣王时期游学于稷下的学士有1 000余人，基本囊括了儒家、道家、法家、名家、阴阳家、墨家、兵家、农家等诸子百家的学者。既包括了社会文化的研究，也包括了对自然现象的探讨。"学宫"遵循兼容百家之学、多元思想并立、各家平等共存、学术自由争鸣、彼此吸收融合等办学思想。在交流和争论中,各家各派不仅充分展示了各自的理论优势,而且使学者们也认识到各自的理论弱点,促使他们不断吸收新思想,修正、完善和发展自己的学说,促进了不同学术见解的思想渗透和融合。可惜研究和争论的焦点主要集中在政治、哲学等社会学科领域,不太重视对自然的研究,不像柏拉图学院那样高度重视数学。直到刘宋末年(420—479年)和隋朝初年,"算学"才逐渐被重视起来,正式列入了国家的教育和研究之中。这期间祖冲之(429—500年)贡献至伟,他算出圆周率的真值在3.1415926和3.1415927之间,精确到了小数点后第7位,成为当时世界上最先进的成就。

一般认为,世界上最早的国家科研机构是亚历山大科学院。史料记载,它始建于托勒密王朝时期的古埃及亚历山大,有2 200多年的历史。亚历山大科学院是当时世界上最大的学术研究中心,包括了图书馆、动植物园、研究所等。图书馆藏书达70万册,几乎包括了所有古希腊的知名作品和一些东方的经典著作,主要以埃及纸莎草纸为载体,其中大部分是用希腊语写成的。著名的希腊科学家欧几里得和阿基米德,都曾在亚历山大科学院工作过。

创立于1660年的英国(伦敦)皇家学会,是欧洲近代第一家科学组织,也是世界上首家被公认的正式学术机构。它最开始也只是一个民间科学小团体,被称作无形学院。最初成员有罗伯特·胡克、克里斯托弗·雷恩、威廉·佩第和罗伯特·波义耳等,他们以聚会方式探讨科学问题。随着对科学感兴趣的人越来越多,人们觉得应当成立一个正式的科学学术机构。1662年7月15日,查理二世签署了皇家特许状,正式批准成立"伦敦皇家学会",由威廉·布朗克出任第一任会长。1663年4月23日,查理二世又签署第二道皇家特许状,指明国王为成立人,并授予正式名称为"伦敦皇家自然知识促进学会",简称"皇家学会"。1915—1990年,皇家学会的历任会长都是诺贝尔奖获得者,著名的成员包括罗伯特·波义耳、罗伯特·胡克、艾萨克·牛顿、克里斯托弗·雷恩等一批杰出的科学家。

自从有了近现代的大学,才真正算是把教学和研究一体化、系统化。一般认为,受启蒙运动影响,1809年经过理性主义改造的新型大学——德国柏林大学的创立是现代大学诞生的标志。它与中世纪大学的根本区别在于职能的转变。中世纪大学只是传授已有知识的场所,将研究和发现知识排斥在大学之外,而现代大学则将科学研究作为自己的重要职能,将增扩人类的知识和培养科学工作者作为自己的主要任务,其"学术自由"和"教学与研究统一"的思想,对现代科学发展的影响是巨大的。

应该说自从有了现代大学和专门的学术研究机构,科技创新就变成了高度组织化的社会活动。科技创新的组织平台(实验室、研究所、专业学院等)成了科技人员从事科研活动的阵地和舞台,这里的硬件设施、装备条件、供给保障、科研环境、学术氛围、组织领导、管理体系等,都深刻影响着科研产出的数量、质量以及在学术上的影响力。经过大量的实践和长期的探索,形成了一大批具有突出特色和学术影响力的科技创新平台的高地,为科学技术的发展做出了突出贡献和典型示范,如著名的卡文迪许实验室、爱迪生研究所、贝尔实验室、巴斯德生物工程研究所、费米实验室、欧洲核子研究中心、普林斯顿高级研究院等。它们不仅拥有一流的人才、设备,还有着浓厚的学术氛围和优良的学风传承。

一、英国剑桥大学卡文迪许实验室

该实验室创建于1873年，是世界近代科学史上第一个社会化和专业化的科学实验室。它首次把科学实验室从科学家的私人住宅中扩展向社会，成为一个真正的研究单位和团体组织，聚集了一批优秀的科学家专心致志地从事基础性科学研究。该实验室是时任剑桥大学校长威廉·卡文迪许私人捐款兴建的，是对在物理学和化学方面都做出过巨大贡献的前辈科学家亨利·卡文迪许的纪念。第一任实验室主任由电磁学之父麦克斯韦担任。实验室至今已经历了150年的发展和9任实验室主任，每一任实验室主任都由著名的大科学家领衔担任。实验室的研究内容包括天体物理学、粒子物理学、固体物理学、生物物理学等前沿科学领域。100多年来，实验室产出了一批足以影响人类进步的重大科学成果，包括发现电子、中子、原子核的结构、DNA的双螺旋结构和X光的衍射等，为人类认识自然、解释自然做出了突出而独特的贡献。该实验室的组织建立和管理方式，顺应了20世纪以来的工业技术和社会进步对科学发展的要求，也很好地契合了科学研究的自身规律，对全球科学研究的蓬勃开展起到了很好的示范、引导和促进作用。

从第一任主任麦克斯韦开始，该实验室就非常重视科学方法的训练和仪器设备的建造，传承科学方法和使用自制仪器，就成了卡文迪许实验室的优良传统。担任实验室第二任主任的是瑞利，他在声学和电学方面均有深厚的造诣。在他主持下，卡文迪许实验室系统地开设了学生实验，增加了创新的有生力量。第三任实验室主任是年仅28岁的汤姆逊，他不仅在发现电子和气体导电理论上成绩斐然，对卡文迪许实验室的发展也做出了卓越贡献。在汤姆逊的推动下，从1895年开始，卡文迪许实验室开始招收外校（包括国外）毕业生当研究生的尝试，建立了一整套研究生培养制度。他培养的研究生当中有大名鼎鼎的卢瑟福、朗之万、汤森德、麦克勒伦、布拉格、C.T.R.威尔逊、H.A.威尔逊、里查森、巴克拉等，这些人都在科学研究上有重大建树，其中有多人获得了诺贝尔奖，并成为各界科学研究的中坚力量。一批又一批的优秀青年陆续来到这里进行学习与研究，融入了这个研究集体，并为实验室增光添彩。在他任职的35年间，卡文迪许实验室发现了电子，发明了质谱仪，特别是电磁波和热电子的研究导致了真空二极管和三极管的发明，促进了无线电电子学的发展和应用。其他诸如对 X、α、β 射线的研究，也都处于世界领先地位。1919年，汤姆逊让位于他的学生卢瑟福。卢瑟福是一位成绩卓著的实验物理学家，是原子核物理学的开创者，他同其前任一样高度重视对青年人才的培养。在他的带领下，查德威克发现了中子，考克拉夫特和瓦尔顿发明了静电加速器，布拉凯特观察到核反应，奥利法特发现氚，卡皮查在高电压技术和低温研究上双双取得突破，另外，电离层的研究、空气动力学和磁学的研究等都能做到独树一帜。以后的继任者不仅继承和发扬了实验室的优良传统和研究优势，还及时抓住新的学科生长点，开辟崭新的学科研究新领域。如1953年，沃森和克里克发现了DNA双螺旋的结构，开启了分子生物学时代。实验室从1904—1989年的85年间，一共产生了29位诺贝尔奖得主，成果之丰硕，人才之昌盛，真可谓举世无双。

二、美国爱迪生实验研究所

该所成立于1876年,是由美国大发明家爱迪生创建的以技术发明和产品创造为宗旨的研究团体,也被称为世界上第一个工业实验研究所。当时拥有200名专业不同的科学家、工程师和技术工人,设有不同的实验室、加工车间、器材库和图书馆。全所人员都按照统一的研发计划来协调工作,在注重新产品研制的同时,尤其看重专利的申请和知识产权的保护。在其成立后的30多年中,共获得1 328项发明专利,平均每10天就有一项发明专利授权。除了爱迪生本人的核心领导作用以外,研究所十分重视借助外脑进行创造,雇用了各类高级专业技术人员为其所用,并把创新技术与创新商业模式结合起来,加快了新技术的产业化和市场化进程。

三、阿尔卡特朗讯贝尔实验室(简称贝尔实验室)

该实验室成立于1925年,是AT&T(American Telephone & Telegraph)旗下的研发机构,是全球最出色的工业研发机构之一。贝尔实验室的使命是为客户创造、生产和提供富有创新性的技术。自从成立之日起,贝尔实验室一共获得了30 000多项专利和8项诺贝尔奖。其研究的组织和布局的最大特色是,上中下游齐头并进,相互支撑,协同发展。研究工作大致分为三个类别:基础研究、系统工程和应用开发。在基础研究方面主要从事电信技术的基础理论研究,包括数学、物理学、材料科学、行为科学和计算机编程理论;系统工程主要研究构建电信网络的高度复杂系统;应用开发部门主要负责设计构成贝尔系统电信网络的设备和软件。

贝尔实验室用于基础研究与开发性研究的经费比例是1:10。基础研究的切口虽小,但方向和目标比较集中,主要是为其应用技术发明和产品开发创新作支撑。他们深知如果没有基础理论研究的经验或方向性的知识,后续的工作就是无源之水,可能会因为源头枯竭而凋萎。但是做研究也不能面面俱到,不能理论脱离实际。对实体公司来说,开发不出新技术、新产品,就无法实现效益和利润,也就无法持续地支持研究。因此,协调发展就是他们的秘密武器和成功诀窍。

近年来,阿尔卡特朗讯每年都把销售额的11%~12%作为贝尔实验室的研发经费,总额在40亿美元左右,以保证28 000人左右的研发规模,其中大约3 000人在做基础研究,其余的都在做技术发明和产品开发。贝尔实验室非常注意吸纳和培养年轻的杰出科技人才,注重自由研究与团队协同的结合,倡导学术讨论和学术平等,鼓励科技创新和发明创造。贝尔实验室许多原创性产品都是出自年轻人之手。在过去的100多年中,贝尔实验室为全世界带来的创新技术与产品有第一台传真机、按键电话、数字调制解调器、蜂窝电话、通信卫星、高速无线数据系统、太阳能电池、电荷耦合器件、数字信号处理器、单芯片、激光器和光纤、光放大器、密集波分复用系统、长途电视传输、高清晰度电视等。从电子语音合成到高难度的语音识别,从智能网技术的应用到UNIX操作系统的开发,人类迈向信息文明的每一步都与贝尔实验室的研发工作息息相关。

四、法国巴斯德研究所

该所成立于1887年,是从事应用基础性研究的公益性私募机构。以满足社会对健康的需求为己任,开展独立的科学研究与应用研究。主要针对传染病防治、教学以及公共卫生服务开展工作,是微生物学基础性研究的中心,也是传染病和免疫系统疾病的专科研究和住院中心。该所经历了130多年的发展,为多种传染性疾病的预防和控制做出了突出贡献,是世界医学微生物学研究的圣地。巴斯德研究所除了在巴黎的有着2 500多名员工的主阵地以外,还在世界各地拥有24个分所,分别开展着基础微生物学、传染病学、免疫学等方面的研究,尤其在传染病疫苗的研发上更是独树一帜。巴斯德研究所不仅汇聚了来自多个国家的研究人员和工程师,每年还有为数众多的博士生和实习生加入其中。正是通过这样集成全球资源,广泛开展国际合作,以保持其应对重大公共卫生挑战方面的领头羊作用。该研究所先后有10余位科学家获得诺贝尔生理学或医学奖,为全人类的健康做出了不可磨灭的贡献。

巴斯德研究所非常注重“知行合一”,与相关医疗科研机构、高校、医院、企业建立了“四位一体”的多元化创新合作体系。并努力为科研人员提供自由探索的环境和灵活流动的机会,支持科研人员基于共同的兴趣建立跨部门、跨学科的研究团队和研究联盟,以打破研究方向、学科、单位归属等方面的限制,激发科研人员的创新活力,鼓励他们做出更大的科技成就。

五、美国普林斯顿高等研究院

普林斯顿高等研究院成立于1930年,位于美国新泽西州普林斯顿市,是一个私立的、非营利性的科学研究实体,其宗旨是吸引和组织世界上一流学者,专门从事纯理论的尖端研究。这里的研究人员无须接受任何教学任务和研究生培养任务,不用忙于科研资金争取,也无须直面赞助商的压力,可以无忧无虑地进行自由研究和潜心探索。这里曾汇聚了包括爱因斯坦、冯·诺依曼、奥本海默等一批具有非凡才能的科学家和学术大师,全世界不少知名学者都在这里工作过,并取得了重要研究成果,使这里逐渐成为世界著名的学术圣地。研究院的首任院长亚伯拉罕·弗莱克斯纳是美国第一所研究型大学——约翰·霍普金斯大学的毕业生,他的办院理念和出色管理,为研究院吸引了众多一流杰出人才。他坚持研究院不授予学位,所有成员都必须是获得过博士学位的人;他坚持研究院的独立性,和普林斯顿大学既相互依托,又没有隶属关系,不承担他们的教学任务,尽可能地让研究者轻松自由从事科学研究。自由的学术环境和优厚的经济待遇,吸引着世界众多一流学者在此工作,全心全意开展自己心仪的学术研究,取得了举世瞩目的学术成就。至今为止,普林斯顿高等研究院一共诞生了22位诺贝尔奖获得者、34位菲尔兹奖获得者,成为世界级基础科学研究的中心和人才辈出的学术圣地,为人类的科学进步做出了重要贡献。

研究院之所以能成为优秀学者们向往的"天堂乐园",就在于研究院始终把"人才第一、以人为本"的理念作为办院宗旨,摒弃了一切功利性的服务职能,不需要研究者为争取研究经费和利益分配而分神劳力,可以专注于思考学术问题和自由地开展科学研究。研究院在引进人才上可谓是倾尽全力,聘请爱因斯坦等发展理论物理;聘请冯·诺依曼和赫尔曼·魏尔等发展理论数学,起到了人才聚集的"马太效应",这种人才观念对后续成立的科研机构产生了深远影响。

普林斯顿高等研究院是由来自各领域的卓越学者所组成的,

学者们可以自由采取各自喜欢的研究模式，各行其是，不需要汇报，也没有考核。学术交流与沟通方式简单而又自然，这里的咖啡饮用点特别多，成了讨论问题的便捷场所；演示厅、讨论室的墙壁，可以随时变换成落地黑板，以便学者们讨论时进行书写之用。可以毫不夸张地说，在普林斯顿高等研究院，个体间交流和探讨可以随时随地进行。虽然集体性的学术活动也会经常开展，但大都采取自愿参加的方式。稍显正式的交流活动有午间报告、双周讨论会等。午间报告会通常在每周四12:00—14:00举行，主讲者通常为学部的客座研究员或访问学者，演讲题目要事先公告，听众主要为对该演讲课题感兴趣的人，报告厅和餐厅是连在一起的，大家可以一边听报告，一边进餐，并在听报告的过程中提出各种各样的问题。双周讨论会的主题是由学部教授根据全年的学术计划事先拟定的，报告者通常是本学部的学者，学部会事先将报告材料发给每一位提出申请的参加者，报告内容不对外公开。报告时间只有10~20分钟，其余的时间留给参与者进行讨论，在遇到敏感话题时，学者们会各执一词，针锋相对，场面非常激烈，这也造就了普林斯顿高等研究院浓郁的学术氛围。另外，研究院每个学期都会在全院范围内开展系列讲座，主讲人一般为院内教授团的成员，这类学术讲座是对社会开放的。正是这种宽松、自由、安心、愉悦的学术研究环境和氛围，让学者们能够心无旁骛地钻研学术，最大限度地发挥他们的天赋和才能，这也是普林斯顿能够吸引并留住大量优秀人才的原因所在。

　　因人而异地做好个性化服务，是研究院的又一管理特点。数学家冯·诺依曼被聘请为普林斯顿高等研究院的终身教授时才30岁，他十分沉迷于计算机的研究，开始在办公楼的地下室里建造电脑。作为院长的弗莱克斯纳，始终给予了最大的宽容和支持，结果世界上第一台存储程序计算机就这样诞生了。正是靠着这种人性化的组织管理，研究所汇集了来自世界各地的科学家和学者。数学家丘成桐是第一位受聘为该研究院终身教授的华人学者，杨振宁教授在此度过十几年学术生涯的黄金岁月，中国科学家华罗庚先生也在研究院进行过一段时间的访问研究。

研究院践行的"独立之精神，自由之思想"的学术理念，在后续的继任者那里都得到了很好的传承与发扬，具体表现在以下几个方面：①研究院从创立至今，未设置学术委员会，不接受所谓的学术指引，也不招收研究生，不授予学位，不要求研究者教授课程或开办讲座，减少了不必要的学术负担。②研究者不需要为工作经费和生活待遇而分心，研究人员完全没有后顾之忧。不需要求人拉赞助而讨好或迎合某种商业利益。在这里研究者们所需要做的事情，就是一心一意地追求自己的学术爱好和对未知世界进行天马行空般的思考。在这里可以不受世俗传统的束缚和羁绊，任何学术想法都会受到充分的尊重。对任何一项自由研究都不会刻意地加以限制，而且总是会不遗余力地给予支持。③打造温馨的环境和完善各类服务，始终是管理层不变的追求。研究院在每天15:00，都会为研究者们提供美味的点心和饮品，让他们的大脑得到休息和放松。满眼的绿地，弯弯的林道，总能给人一种轻松愉悦的感觉。杨振宁在访谈中就曾经提到"在普林斯顿高等研究院的17年，是我一生中研究工作最成功的时期，在那里我完全没有后顾之忧，只需要专心做好研究工作。"

六、欧洲核子研究中心

设立在瑞士的欧洲核子研究中心，是国际基本粒子科学研究的学术中心。中心拥有世界上最大、能量最高的粒子加速器——大型强子对撞机,同时拥有顶尖的大学和大批杰出人才,是探索宇宙起源、超对称性、暗物质等基础科学前沿领域的创新高地。该研究中心由23个成员国共同管理,超过1.75万名来自世界各地的科学家和2 500名运营人员在此工作。中心装置产生和记录的海量数据,同时对全球70多个国家的科学家开放使用,是国际化程度最高的研究机构之一。瑞士能连续11年在全球创新指数中排名第一,与中心坚实的基础研究、发达的国际合作以及高度的学术开放性密切相关。尤其是这里包容的创新文化、健全的公共服务,是吸引全球人才的重要因素。特别需要指出的是自1990年装置运行以来,48%的诺贝尔物理学奖的研究主要是通过应用这里的大科学装置和通用平台而取得的。

七、美国硅谷等

随着科学研究的深度、广度的不断发展,全球的科学研究机构如雨后春笋般地涌现和成长。科学与技术加速融合,再有资本的加持,使得科技产业突飞猛进,产学研结合越来越紧密,集科技创新、产品开发、产业发展为一体的产学研联合体大量诞生,很快发展成为新知识、新技术、新产品、新产业的策源地,成为知识经济的新高地。

硅谷便是美国倾力打造的以电子信息为主导的高技术创新创业中心,它不是一个具体的、统一的传统研究实体,而是依托具有雄厚科研力量的美国斯坦福大学、加州大学伯克利分校等世界知名大学,实行科学研究、技术开发和生产营销三位一体的运行机制,建立的一批高技术公司群和联合体,除了如谷歌、脸书、惠普、英特尔、苹果、思科、特斯拉、甲骨文、英伟达等知名企业外,还有一批新兴的成长型的中小企业。这里集结着100多万来自世界各地的优秀科技人员,是世界高科技人才最集中的地方,仅美国科学院院士就有近千人,诺贝尔奖获得者30多人。这样一批优秀的科技专家、投资者、创业者聚在一起,自由地学习、交流、合作和借鉴,进行着颠覆式的科技创新和神话般的创业发展。

类似的,还有依托法国一流大学打造的巴黎-萨克雷科创中心,也是产学研结合的范例。巴黎-萨克雷大学是法国顶尖的研究型大学,拥有数学、物理、农业、临床医学等世界先进的优势学科,是巴黎-萨克雷地区科技创新的核心力量。自2008年开始,法国政府和巴黎大区政府在萨克雷及其周边地区,着手建设了这个具有全球影响力的巴黎-萨克雷科技创新中心。经过十几年的努力,产学研力量得到集中优化布局,不仅配套建设了一批重大基础研究平台,如欧洲高性能模拟和计算能力中心、极端光学跨学科中心、高通量基因组数据处理中心等;而且还把法国国家科研中心、巴黎高等商学院、法国国家航空航天研究院等19个科研机构,都变成科创中心的成员单位。强大的科创能力和浓厚的创新氛围,也吸引了众多领域的高新技术企业的参与,使这里从名副其实的"科学城"发展成为世界级的科技创新产业集群,成为法国知识经济发展的动力源。为了做好科技与产业的对接工作,科创中心专门成立了技术转移办公室,用于支持园区各高校和科研单位的创新技术和项目在公司和企业中实现共享,推动研究成果直接转化为企业的创业动力。在此基础上,巴黎-萨克雷大学还推出了"嵌入式实验室"服务模式,企业可以通过这项服务直接查询大学在特定领域的研究成果和专业特长,了解其研究项目的进展情况,以促进产学研协同创新与深度合作。法国和巴黎大区政府在生活设施的建设上提供全力支持,使这里的科研、生产和生活设施得到了系统完善和配套,汇聚了大批优秀的科技人才和企业家,成为世界500强企业在全球的重要聚集地之一。

第二节　中国的科技创新体系、平台建设和组织特色

中国在打造专业化的科学研究平台方面起步较迟,晚清时期(1872年)才开始小批次地向国外派遣留学生去学习现代科学技术。1895年,清政府在天津始建了中国第一所现代大学——北洋大学(现在的天津大学前身),开创了中国现代高等教育之先河。中国的专业科学研究机构直到20世纪初才开始陆续兴建,而且以应用研究居多。直到1949年中华人民共和国成立以后,才系统地构建新中国的科学研究体系,并发出了向科学进军的动员令,涌现出像李四光、竺可桢、钱学森、华罗庚、钱三强等一批杰出的科学家,取得了人工合成牛胰岛素和青蒿素的重大突破,攻克了哥德巴赫猜想的关键难题之一,实现"两弹一星"和"杂交水稻"的成功研制,取得了举世瞩目的科技成就。

我国科研组织的一大特色就是建立举国体制下的大协作、大联合的科研攻关平台。围绕国家重大需求,设计具有先导性和前沿性的大项目、大课题,组织相关的研究单位联合攻关,各自发挥自己特长和优势,依靠坚定的信念和爱国精神,抱成团、拧成绳,群策群力,像一个临时大家庭一样,互通有无,协力攻关。这对弥补我们当时科研资源短缺、技术力量不足的状况发挥了特殊作用,使我们能够在较为困难的条件下,负重前行,创造了可歌可泣

的辉煌成就。

20世纪50年后期,我国在百废待兴的情况下启动了人工合成牛胰岛素的重大课题。在上海岳阳路320号坐落着刚刚成立不久的中国科学院生物化学研究所(以下简称"上海生化所"),由王应睐所长牵头组织全国的优势力量协同攻关,邀请了同在上海的中国科学院有机化学研究所(以下简称"有机所")以及北京大学化学系有机教研室一起参与。三方联合成立了攻关团队,北京大学的邢其毅教授、张滂教授以及陆德培等4位青年教师和季爱雪等4位研究生带领有机化学专业的十多名应届毕业生奔赴上海参加会战;有机所由所长汪猷领衔带领一众弟子;上海生化所由精英骨干邹承鲁、钮经义、曹天钦、沈昭文等人各带一批年轻的科研人员,共同打响了"大兵团合作攻关"战斗。大家分头探路,按照分工,有机所和北京大学化学系负责合成A链,上海生化所负责合成B链。同时,研究确定了三步走的工作程序:第一步,先把天然胰岛素拆成两条链,再把它们重新组合成活力相同、形状一样的胰岛素结晶;第二步,合成胰岛素的两条链后,用人工合成的B链同天然的A链相连接——完成牛胰岛素的半合成;第三步,实现经过考验的半合成的A链与B链的成功结合。当时构成胰岛素多肽的17种氨基酸原料,都需要自行生产,还要通过200多步化学反应最终实现合成并完成结晶,工作量非常巨大,而且合成中的每一步骤都须严格把关,中间产物都要经过鉴定合格后,才能用于下一步反应,研究和实验的难度之大前所未有。在那个科研基础十分薄弱、设备极其简陋的年代里,联合团队历经7年的不懈攻关,最终取得了圆满成功,在世界上第一次用人工方法成功合成了一种具有生物活力的蛋白质——结晶牛胰岛素。这一成果打破了1956年英国《自然》杂志评论文章中"人工全合成牛胰岛素还不是近期所能做到的"预言,在国内外产生了深远的影响。我国生命科学自此跨进了用人工合成方法研究蛋白质结构与功能的新阶段,我国的胰岛素研究也形成了具有中国特色的体系,涌现出了一批优秀的蛋白质和多肽的研究人才,这也为我国多肽合成的制药工业打下了坚实的基础。

抗疟疾特效药——青蒿素的发现和药物研制,也是举国体制下联合攻关的杰出成果。来自全国60多个单位的500多名科研人员,先后被邀请参加了当时称作"523项目"的研究。1969年以屠呦呦为首的来自中国中医研究院的科学家们,也应邀参加研究。一时间,大家凭着热情和努力,筛选出可能具有抗疟疾作用的化合物和中草药4万多种,但实验结果都不能令人满意。在经历了无数次的失败后,直到青蒿素进入了人们的研究视野,才算有了转机。1972年,屠呦呦团队在古代医书《肘后备急方》的启发下,用乙醚从中药青蒿的成株叶子中成功地提取了青蒿素,实验证实其对疟原虫具有100%的抑制效果。1975年从原药中提取的青蒿素注射剂诞生,并在临床试验中取得了良好的效果。1976年周维善等研究证明,青蒿素是一种含有过氧基的新型倍半萜内酯。1978年上海药物研究所成功地对青蒿素的化学结构进行了改造,得到了疗效提高许多倍的蒿甲醚。1984年,科学家们终于实现了青蒿素的人工合成。1985年,人工合成的青蒿素注射剂在临床试验中取得了良好的效果。1986年青蒿素获得一类新药证书,并获得了"国家发明奖"。该药的问世,拯救了数以百万计疟疾病患者的生命。屠呦呦也因此在2015年获得诺贝尔医学奖。中国科学家发扬集体主义精神,团结合作,不分彼此,打破各个学科相互封闭的传统研究模式,开展了前后持续20年的科研大协作、大会战,才取得了如此骄人的成绩。

　　袁隆平领衔的中国杂交水稻研究团队,几乎集中了当时全国水稻育种的精英力量,下海南,搞协作,研制不育系,筛选恢复系,测配杂交种,在经历了多次失败后,最终成功实现了三系配套,选育出一批高产杂交组合,为促进我国水稻增产增收做出了伟大贡献。

　　"两弹一星"的成功研制,更是体现了中国科学家自力更生、艰苦奋斗、团结协作、勇攀高峰的伟大精神力量。创造了我国在困难时期,依靠举国体制的优势,奋力发展科学技术的光辉业绩。

　　1978年以后中国实行了改革开放政策,开始大批派遣留学生向国外学习先进的科学技术和管理经验,加强了国际学术交流和科学研究的投入,实现中国科学技术由跟踪、并跑到个别领域超越的突破。进入新时代,中国要进一步实现科技自立自强,建设现代科技强国任重而道远,就需要我们根据当今科技发展的新特点、新要求,组建大平台、大科学和学科集群,优化布局国家战略性科技力量,对现有的科研平台支撑体系进行优化、重构和改革,塑造有利于科技创新、具有中国特色的科研平台体系,释放巨大的体系组织优势和人才创新活力。

　　进一步突出国家基础战略科技力量建设。重点打造综合性国家科学中心,构建国家实验室体系(包括国家实验室、全国重点实验室),大力培育高质量的研究型大学,充分发挥中国科学院众多基础性研究所的骨干作用,引导和支持一些有条件的尖端科技创新型龙头企业,共同携手做好基础性、原创性、理论性、尖端性的科学研究,筑牢科技强国的基础。通过改革不合理的体制机制,创新科学管理理念,弘扬良好的学风与作风,倡导学术民主,浓厚学术氛围,打造一大批具有独立学术风格和鲜明学术特色的一流基础研究集体。

要把国家产业科技的战略力量和企业、社会的研发力量充分地结合起来,构建起能够支撑我国知识经济繁荣和产业高质量发展的各类技术创新、产品创新的平台体系,充分发挥国家工程研究中心、国家技术创新中心、国家专业技术研究机构,区域产业技术研究机构、地方性科技研究机构等不同技术创新平台的作用。通过优化整合和能力提升,建立充满活力的体制机制,做优、做强产业科技创新平台,为国家产业高质量发展提供不竭的科技动力。特别要针对"卡脖子"的关键核心技术,开展协作攻关,发挥好科技创新型企业的主体作用和以应用研究为主的国家队生力军作用。在新的形势下,继续发挥举国体制号召力、凝聚力等的特殊作用,充分调动中央、地方、行业、部门等各方面的积极性,实现科学技术的上中下游的无缝对接,政产学研的有机配合,构建好各类产业技术创新联盟,发挥好各类高新技术开发区和自主创新示范区的引领作用,驱动科研成果的高质量产出和高效率转化。

必须优化创新力量的空间布局。要遵循创新区域高度集聚规律,加快推进北京、上海、粤港澳大湾区国际科技创新中心建设,大力支持北京怀柔、上海张江、安徽合肥、大湾区综合性国家科学中心建设,围绕国家重大区域发展战略布局,支持有条件的地方建设区域科技创新中心、国家自主创新示范区、高新技术开发区等,打造一大批各具特色的区域创新高地,引领带动地方经济快速走上创新驱动发展道路。

坚持深度参与国际科技创新合作,积极主动融入全球科技创新网络,最大限度用好全球创新资源,建设高水平国际创新资源开放合作平台,积极参与和主导国际大科学计划和大科学工程的实施建设。我国通过积极参与国际热核聚变实验堆计划(International Thermonuclear Experimental Reator，ITER）、国际地球观测组织（Group on Earth Observations，GEO）、平方公里阵列射电望远镜（Square Kilometre Array，SKA）、国际大洋发现计划（International Ocean Discovery Program，IODP）等一系列国际大科学计划和大科学工程，与多个主要科技大国开展平等合作，积极参与相关国际规则制定，解决全球关切的科技问题。努力打造全球开放的中国大科学装置和大科学工程，建设好中国的"硅谷""光谷""声谷"和现代化的国际科创中心，以吸引更多的国际科技资源融入。

关注和扶植新型研发机构的建设。新型研发机构已成为国家创新体系建设中的一支重要力量，要深刻把握新型研发机构在塑造混合制度空间、联合治理模式、全链条创新生态等方面的独立价值，引导社会力量投资创设新型研发机构，促进新型研发机构组织形式的多元化发展，赋予各类投资主体更多的选择权，充分发挥各类组织形式的比较优势。加强新型研发机构平台综合创新能力建设，通过知识创新、技术创新、产业创新和区域创新的有机融合，催生更多的科技创新成果。

第五章

科技创新的社会文化和人文环境

　　社会文化是以社会意识形态为主要内容的观念体系。每一社会形态都有和其自身发展相适应的社会文化，并随着社会的不断发展变化而不断演变。人文环境是一种由人类活动不断演变而形成的社会大环境，是潜移默化的民族灵魂，是社会共同体的信仰、观念、态度及认知环境等的综合体现。科学是在特定文化土壤里产生并发展起来的现代知识体系，是人文主义的后代。虽然它已经独立地成长起来，并形成自己独立而又完整的研究体系和学科体系，但它的繁荣发展始终受到所处的社会文化和人文环境的深刻影响。那么，是什么样的社会环境和文化特质催生了现代科学的诞生？不同的社会环境与文化特质对科学的发生与发展有着怎样的影响？中国要建成世界科技强国和"国际科创中心"，需要怎样打牢有利于创新创造的社会文化基础？怎样锻造和培育强大的科学文化和科学精神？

第一节　科技创新创造需要的社会文化土壤

　　科学的发生和发展对社会文化和人文环境有着独特要求。首先科学的孕育需要一批具有好奇心和求知欲且甘于寂寞和奉献的文化人对自然的高度关注和对自然规律的特殊兴趣，需要对事物的深度感知和理性思考，需要不断地破除迷信和大胆实验，需要创新文化的强人基因、实事求是的人文精神和自由探索的求知之风，需要政府的重视和倾力培育，需要社会的支持和宽容。一句话，需要有利于科学种子"生根发芽""开花结果"的社会气候和文化土壤，进而转化形成强大的科学文化和科学精神。科技创新在不同的文化氛围里，会有不同的命运，良好的学术环境对科技创新十分重要。伽利略25岁时在受教会严密控制的比萨大学担任数学教授,该校氛围沉闷,思想保守,科学实验处处受挫。无奈的伽利略愤然辞职,去了威尼斯的帕多瓦大学任教,这里的新思想受到欢迎,科学实验受到鼓励,是从事科学研究的一片沃土。在这里,他不懈耕耘,大胆创新,在力学和天文学等方面都取得了丰硕的研究成果。

科技创新和创造的繁荣离不开社会文化的滋养、人文环境的抚育。一方面要求创新主体自身要秉持一种执着追求真理、勇于开拓创新的科学家精神,保持严谨求实、一丝不苟的作风与学风;另一方面全社会也应该形成尊重知识、尊重科学、崇尚创新、宽容失败的社会氛围,社会公众对科技创新要予以足够认同和支持,只有这样才会有更多的新生力量源源不断地投入到科技创新的队伍中来。要逐步从帮助民众掌握必要的科学知识拓展到强化公众对科技创新的兴趣和积极态度上来,建立尊重科技创新的价值观,弘扬求实创新、开放合作、造福人类的科学文化,从而夯实有利于科技创新的社会文化基础。

中国科协相关调查数据显示,中国公众对科学与科学家长期以来一直持有比较积极的态度和评价,表明中国的科技发展有良好的外部社会环境。但与此同时,科技界学术不端、诚信失范的痼疾仍然存在,心浮气躁、急功近利的倾向带有一定的普遍性,科技界的圈子文化、官本位文化仍有一定的市场,表明科技创新发展的主体需要进一步练好内功,塑造出良好的内在精神气质。科技管理的文化理念也存在着一定的不足,贪大求全、拔苗助长、重管理轻服务、重应用轻基础、重物轻人、重防范轻信任、重使用轻尊重等现象还一定程度地存在着,形式主义和官僚主义作风还未能彻底根除。中国公众虽然给予了科学家足够的信任,但对科学家和科研成果的关注度不高,甚至对一些科研成果还存在着本能的偏见。青少年愿意从事科学家职业的比例偏低,公众的科技文化素质虽然有了较大幅度的提高(目前在10%左右),但整体水平依然偏低。尤其是在理性看待科学家和科技成果、允许和宽容失败方面,还缺少足够的耐心、本能的呵护和客观独立的分析,甚至存在着"人云亦云"的从众心理和"吃瓜"看热闹的打趣心态。

科学研究有很大的不确定性,这是科学自身的特点和内在属性。技术本身也是一把"双刃剑",并非所有的研究成果都能最终转化为效益,即便是能成功转化也大多需要较长时间的熟化和培育。如果对于探索的失败,没有给予充分的宽容和保护,势必会导致科技工作者放弃费时费力的基础性研究和难啃的技术"硬核",倾向于选择易出成绩的"短平快"研究,甚至导致形成投机取巧、急功近利的价值取向。久而久之,将对科学精神产生较大的腐蚀。我们要深入分析中国传统文化对科技发展的优势和短板,努力营造一种有利于我国科技自立自强和高质量发展的人文环境和社会氛围。

第二节　古代中国科学没能乘势而上的原因反思

科学的出现,是社会生产力达到一定水平后的产物。只有当社会有了一定物质文化基础,人们有了财富的积累和闲暇的时间,有了对探索自然的兴趣和认识自然规律的渴望,科学研究才会成为可能。最初的科学探索是从观察和思考自然现象与宇宙奥秘开始的。早在春秋末期,墨子(前468—前376年)就产生了初步的科学思想萌芽,并在数学、几何学、物理学、光学等领域进行过比较深入的思考与实验研究。我国战国时期的思想家屈原（前340—前278年）也曾对天体运行规律提出诸多的疑问和思考。他在伟大的诗篇《天问》中，对天地形成、阴阳变化、日月星辰等自然现象背后的主宰，提出了大胆质疑和设问，其追求真理的探索精神是难能可贵的。可惜墨子的科学思想，被独尊儒术的封建独裁所废黜。对屈原提出的问题，也都停留在观察、猜测及一些朴素的哲学思考上，中国封建专治社会所孕育的科举制度，把读书人引向做官入仕的道路，扼杀了科学思想和科学精神。

公元前古希腊也出现了科学的曙光，尤其是关于几何原理和形式逻辑的研究已达到了一定的高度。但由于当时欧洲的战乱和动荡，接着又是中世纪漫长的宗教黑暗专治统治，社会环境限制了科学的成长与发展。直到中世纪后期，在资本主义生产力发展等多种条件的催生下，一场以人文主义精神为核心，肯定人的价值，尊重思想独立，倡导个性解放，反对愚昧迷信和宗教统治的思想运动拉开了序幕（又称文艺复兴运动）。从而为科学的发展营造了有利的人文环境，使科学研究很快从宗教神学的桎梏中解脱出来，形成了浓厚的科学研究之风，涌现出像伽利略、牛顿等的一批科学家。相比较而言，同时期的中国在科学上则落后了下来。

我国哲学家冯友兰先生在20世纪20年代写过一篇探讨性文章，就"为什么科学精神起源于古希腊而不是中国？"的问题，开展了概括的讨论。他认为，中国没有产生现代科学的主要原因，不是中国人不聪明，而是就中国文化的价值观而言，我们似乎不需要科学，我们对科学既说不上喜欢，也说不上厌恶，简而言之，科学跟我们没有多大关系。我们古代优秀的知识分子在做他们认为的重要事情，比如苦读"五经四书"，写作"八股文章"，渴望金榜题名、做官入仕；比如吟诗作赋，在诗性文辞方面精雕细琢；比如书法绘画，在审美风雅方面穷其一生。所以没有走上科学发展的道路。他指出，中国文化总的来讲是农耕文化，农耕社会的基本标志是定居，定居成了中国文化非常重要的结构性因素，定居的结果就是家族（包括族亲姻亲等）的不断繁衍和扩大，以至于周边全是熟人，所有的人与你都有关系，不是直接认识，就是间接认识。因此，中国社会是熟人社会，熟人会通过血缘关系进行文化构建，所以中国社会非常讲究血缘亲情、家庭感情。血缘文化生成了特有的仁爱精神，于是以"仁义""孝悌"为核心的儒家学说就大行其道，要维系这种人文精神，就要讲究"礼仪"，遵守"三纲五常""礼以立人"，儒家希望通过"礼"把人教化成有信爱之心的人。不管是皇帝还是贩夫走卒，所有人都要讲"礼"，处处是繁文缛礼的约束，"礼"文化弥漫在中国文化的各个环节之中。在中国社会里要"修身做人"，就要学好孔孟之道，读好五经四书；要想做官入仕，还要写好八股文章。中国的天文学，从表面上看与西方科学非常相似，可实际上，中国的天文学只是礼学的一部分。它的目的是奠定皇权统治的合法性，以及规范老百姓的日常行为。因此，中国的天文学不是西方意义上的科学。

而西方文化以"两希"文明为主题，希腊文明和希伯来文明从一开始就是一种"迁徙文化"。希腊民族是海洋民族，重视贸易，迁徙便是生活的常态，"迁徙文化"的特点是生人文化。生人文化通过契约方式构建社会秩序，契约文明要求每个人都是独立的个体，独立自主的个体，被西方思想家抽象为两个字"自由"。所以"自由"精神是西方文化的核心价值，这种核心价值是理解西方文明非常重要的关键词。希腊人认为，要培养一个自由人，就要让他学习科学知识，而每一个人都有学习和研究科学的自由、追求知识的自由、选择独立学术风格的自由。所以,科学从一开始就是自由的,是超功利的,同时也是可以自我演绎的、可证明和可推理的。希腊人对自由人性有独特的理解,他们认为人有了知识就自由了,就可从必然王国进入自由王国。相反,没有知识就很愚昧。苏格拉底说过,"个人不可能主动犯错误,错误都是无知造成的",科学知识成了希腊人的最高追求。因此,科学诞生于希腊文明与这种特有的文化氛围大有关系。

古代中国的封建王朝,似乎只关心他们对臣民的有效统治、王朝的延续等,对科学研究没有兴趣,更没能予以重视,民间和个人也没有形成科学研究之风,甚至全社会都没有真正树立起科学研究的概念,以至于错失了科学发展繁荣的良机。其实对中国来说,"科学"一词本来就是一个舶来品,不是"土特产"。如果硬要说在某本古籍中出现过,那也是"科举之学"的简化称谓。真正意义上的"科学"之词,并非古代汉语固有的词,这个词是日本学者翻译的。关于科学研究没能在我国兴起的原因,除了冯先生上述观点以外,也还有不少学者从不同的角度和侧面进行过探讨,可谓仁者见仁、智者见智,归纳起来主要有以下几种观点。

一、社会制度和社会观念的原因

持这种观点的人认为,古代中国主要采取封建专制下的家长式统治(所谓"家天下"),统治者大多推崇以"忠孝"为核心的儒家思想,倡导以"三纲五常"为支柱的社会等级观念,数不清的繁文缛礼和清规戒律禁锢了人们的思想,非礼勿闻、非礼勿视的条条框框严重束缚了人们的创新欲望。统治阶级为强化其统治的需要,大力宣扬"学而优则仕"和读书做官的思想,把优秀人才都塞进了"五经四书"的桎梏里,泯灭人们自由的思想和对未知世界的好奇心,抑制了人们的创造力。在中国传统的社会观念中,"五经四书"是最为重要的知识和学问,"读书做官"才是光宗耀祖的唯一途径。科举制度更是把这种社会观念制度化、程式化、固定化,特别是僵化陈腐的"八股文",严重缚拴了人们的自由意志,窒息了人们的创造精神。以至于在社会上形成了"万般皆下品、唯读圣贤书"的观念定式,其他知识都是不入流的旁门左道或异端邪说。研究自然知识被视为低三下四和不务正业。甚至连技术上的伟大发明也没能受到应有的尊重,以至于火药和指南针的发明者,都找不到文字记载;宋应星的《天工开物》写成后,因"与功名进取毫不相关"而遭冷落;李时珍在科举上屡试不中,于是就潜心从事医学研究,但他历经艰辛写成的《本草纲目》,竟无人问津,甚至都不能公开刊印发行。从王公贵戚到文人学士,对自然科学不仅不懂,而且也不屑一顾。这就自然更谈不上对科学研究的倡导和支持了。李约瑟研究认为,"在明代以前,似乎只能例外地发现某一重要工程师在工部任高级职务。这可能是由于真正的工作总是由文盲半文盲的匠人手工艺人去做,最大的发明家大多来自平民匠师手工艺者,他们从来不是官员,甚至连文人也不是——有时甚至找不到这类人的姓名"。可见当时的社会对科学技术的淡漠。

二、社会经济和社会风尚的原因

我国自古就是一个以农耕业为主的国家,多数时期人多地少,灾害频发,生存压力巨大,广大劳动人民始终挣扎在温饱线上,终年劳作也很难填饱肚子,被土地和生计牢牢束拴,没有自由的时间和精力，也没有多余的闲钱去做那些询天问理的事情。据测算就连所谓的康乾盛世，我国平均每家农户劳动一年的收入不足白银30两（1两=50克），统治阶级的横征暴敛更使得民不聊生。而同时期的英国平均每家农户劳动一年除了维持生计开支外，尚能结余白银30两。他们有了经济上的结余和时间的自由，再加上社会思想相对比较宽松和包容，又没有科举的压力，就会不断地有人坐下来思考世界的真谛，洞察自然的规律，并逐渐形成了一种崇尚科学的社会风尚。英国物理学家焦耳就是比较典型的例子，他的父亲经营一家大型的啤酒厂，生活宽裕，为了让两个儿子能够学习到先进的科学知识，就专门请了当时的大科学家道尔顿教授他们。小焦耳尤其对热力学感兴趣，于是就在自己家酒厂的地窖里，建起了实验室，潜心研究热能转换。在父亲、哥哥的支持下和殷实家底的保障下，他把全部的聪明智慧和精力都用在了科学研究上，终于发现了能量守恒和热功当量，最终成为英国著名的物理学家。像这样的例子在当时的欧洲不胜枚举，有钱人把学习科学知识、从事科学研究作为一种时尚的追求。而中国少数有钱的王公贵族、巨商大贾、文人墨客，却很少关注自然的真谛和事物的规律。

三、社会文化、哲学观念和知识形态上的原因

我国长期处于农业社会，具有漫长的农耕文化传统，加之长期的封建专制统治，形成了以"仁孝""礼仪"为社会规范、以"忠君安民"为政治导向的儒家文化。功利主义思想和中庸之道的观念比较盛行，政治上倡导儒学、功名禄利；知识上鼓吹"五经四书、八股文章"；处世上要求不偏不倚、明哲保身，两耳不闻窗外事，一心

只读圣贤书,凡是与自己利益无关的、与眼前利益无关的事,大多被视为无用之事物。这就使人们思想上受约束,知识上受到局限,行动上受到羁绊。守制、尊古、好礼则成了社会的主流风尚,窒息了自由活泼之思想,泯灭了探究自然、追求真理之天性。人们往往更多的关心"为人的处世之道"和"家族的荣辱兴衰",重视人的社会联系以及人与人之间的关系,并千方百计经营和维持这种利益关系,而对于人与自然物的关系、自然界事物的内部联系则并不关心,对自然世界的认识多局限在整体的猜测和模糊推断上。即便是有所关注,那也多是"大而化之"的经验总结,缺少具体深入的"逻辑分析"和"周密细致"的理性思考;重"夸夸其谈、坐而论道"的表面文章,轻实事求是、追根溯源的实验精神;眼里既没有什么科学,也不怎么看重技术,甚至把科技看作"奇巧淫技",以至于我们虽然早就发明了指南针和火药,却没有有效利用。创新创造就这样被冷漠和忽视,从而扼杀和泯灭了科学精神。

有人把古希腊自然哲学与中国传统哲学的特点做了一个比较,认为古希腊无论是关于物质构成的阿拉克萨哥那的"种子说",还是德莫克里特的"原子论"学说,都把对世界本原的认识转移到对物质细微结构的认识层面上。尤其是"原子论"的思想已经接近近代化学原子论的基本思想,近代化学原子论的创立者道尔顿承认他的原子论得益于德莫克里特的"原子论"思想,大科学家牛顿也认为古希腊的"原子论"对他的科学研究影响很大。这是因为从整体论到单元个体论,不仅仅是认识层次的变化,同时也是认识方法的变化。如果说整体论采用的是综合法,那么"原子论"用的就是分析法。而近代科学的发展正是在分析和实验基础上完成的,只有不断深入剖析物质的内部结构,才能逐步揭示物质的本质。比如从单个物质进入到单个分子,从单个分子又进入到单个原子,从单个原子又进入到原子核,从原子核又到质子和中子,现在人们的认识已经到了夸克层子的水平上了。认识层次的逐渐分化是近代科学的显著特点,而这个思想最初来源于古希腊的原子论,没有原子论也就没有今天的各种学科。

而中国古代哲学则带有浓郁思辨性质的自然观。如"阴阳之说",主张阴阳和谐是一切事物运动变化的内在原因,认为事物的关系是由金、木、水、火、土五行间"相克相生"的态势而定;柳宗元的"元气说"认为万物都由阴阳二气相互作用而成,气"自动自休,自峙自流"是一切运动变化的原因;张载也认为"凡象,皆气也",并提出"一物两体""不有两,则无一"的矛盾论观点;王夫之用"方动方静,方静旋动,静即含动,动不舍静"观点阐述了动与静的辩证关系。总之,我国古代自然观更多讨论的是世界的统合问题和对运动规律的哲学解释,主观猜测和整体概括的成分比较多,比较注重虚化了的辩证关系。对问题的讨论往往是泛泛的经验之谈,不善于做抽象的理论思考和细化的结构分析,更鲜有严谨的、受控条件下的实验证明。尽管我们的古代先贤们有着非凡的智慧和雄辩的哲思,但终究没能开创出自然科学的新天地。

希腊人喜爱几何,注重数学推理和证明。许多哲学家同时也是大数学家,他们崇拜数学,尤以柏拉图为最。他曾在自己创办的"柏拉图学院"门口写有"不懂数学者不准入内"的牌子。到了后期,欧几里得将所有几何命题通过一组公式推导出来,他写出了著名的《几何原本》,把古希腊数学推向理论的高峰,开创了公理化方法的先河,使数学理论首次实现了体系化,这在当时是绝无仅有的。古希腊数学不仅遵循了严密的逻辑形式,而且创建了一些研究数学理论的基本方法,如归谬法、归纳法、演绎法、公理化法等。

　　而古代中国的数学基本上是一门实用性的算学，多集中在代数领域，虽然算法上也很高明，但知识比较零散，且条块分割，各部分关联性差，没有形成一套整体的理论体系。几何方面也偏重于计算，即使刘徽（225—295年）用割圆术把圆周率计算到3.1416，祖冲之（429—500年）把圆周率推算到3.1415926~3.1415927的精确度，也未能形成几何学思想的理论构架。无论是《九章算术》《周髀算经》，还是《海岛算经》《测圆海镜》《四元玉鉴》等都是算法上的不断精进，而未能在整体的数学理论上予以升华，这与中国古代重经验、轻理论的实用主义的指导思想密切相关。同时也忽视了对形式逻辑的运用，虽然我国自战国时期就有《吕氏春秋》中的多种形式的逻辑推理，如二难推理、类比推理、假言推理或它们的组合，但都仅限于社会学领域，自然科学中则很少看到使用逻辑推理的例子。墨子创立了墨辩逻辑学，内容虽较为丰富，但其显著特点在于在辩论中的逻辑应用，而未能成为科学研究的普遍工具。因此，在中国古代的数学等自然科学中，找不到用逻辑推理形成公理化体系的著作。而古希腊学者亚里士多德的《工具论》不仅论述了形式逻辑的推理方法，而且在《几何原本》著作中得到广泛的运用，为后来的科学研究奠定了方法论基础。

　　中国在农耕文明的自然经济时代里，其知识主体大多表现为"经验形态"的知识，人们往往只是在感官所能够触及的层次上去把握世界，获得的是基于人们生活所及的境遇之中的知识，也即是经验形态的知识。当然，这不是说一点理论也没有，而是说即便有一些理论假说也往往是以大而化之的经验猜测为主，理论的表达也是虚化了的具感性和直觉性的反映，如中医中的"金木水火土"五行理论就属于这种形态的知识，而经验的多样性和知识的同一性始终难以统一。不可否认,古代中国一些经验形态的知识确实保持过领先地位,但经验形态的知识终究有许多不足之处:一是基于感觉经验所限的知识比较零星和分散,传播缓慢,必须靠岁月的积累来发展;二是基于特殊生活境遇的体现必然表现为普遍性不足;三是经验知识的发展不具有规模化和聚集化效应。

经验形态的知识既然是经验的、特殊的,就必须依靠特殊的生活和实践活动的经历来获得,人们往往要穷其一生学门手艺或技艺。另外,经验形态的知识也往往缺少严格的量度标准,即便是有些测量活动,也不具有在不同物体上测量的规定性,每个匠人根据自己的体会去把握,主要靠着师徒传承,无法做到标准化和系统化。古代中国在经验形态知识方面的传统,也让中国人形成了对知识获取的路径依赖,当人们习惯了这种思维方法,新知识、新技能、新方法的创新就难以实现突破。

在中国人沉溺于经验形态知识的时候,欧洲人却从15世纪开始酝酿新知识的探索路径,并且在17世纪终于实现了知识形态的革命性突破,这就是现代性的学科化和原理式的知识形态,即以普遍公式和系统推理构成的演绎体系所表达的知识。"原理形态的知识"并不是反经验的,而是对经验的理论概括和系统升华,这种知识形态打破或超出了特殊生活境遇的限制,让观念与世界的同一性扩展到不同境遇下的事物。在这种形态的知识体系下,无论北方还是南方的物体都要服从同样的力学原理,无论什么植物都符合同样的光合作用原理。原理具有了超越特殊境遇的普遍性,境遇的不同也有了明确的数量规定性,从而具有了科学的意义。

那么产生"原理形态的知识"的社会动力在哪? 根据唯物史

观,首先应该来自欧洲社会当时的特殊时代需求,即远洋航行对天文地理等各方面知识的迫切需求,并伴随着市场扩张、知识发展、生产工具完善、社会关系变化之间复杂互动而塑造的资本主义历史过程。显然,原理形态的知识并不是欧洲人头脑中的先验的产物,而是社会和时代发展的结果。西方在近代的崛起,从一定意义上讲,是知识形态变革和知识生产崛起的结果。但知识生产作为一种精神活动或思维活动,还需要主观的条件的配合。这个主观条件就是对古希腊科学思想的继承,对中国等东方文化知识的吸纳(如指南针等),以及对当时处于领先地位的阿拉伯科学知识的学习。特别是欧洲文艺复兴运动和近代大学的出现,促进了知识生产的新方式或知识形态上的突破,让欧洲逐渐成为世界知识生产的新中心,为欧洲的工业经济崛起获得了知识和智力支撑,而大工业和集中化生产又进一步促进了科学知识的生产,现代科学走上加速发展的轨道。相比之下,知识形态上的落后则造成了中国近代科技的薄弱。

虽然东西方自然哲学的思想理论在形成之初具有一些相似性,比如对世界本原的看法,无论是中国的"五行说",还是亚里士多德的"四因说",很难说它们之间有多少本质的差别。但是后来却走向了分化,一个走向了向虚、向散的道路,一个走向了实证分析和逻辑分析的道路;一个在经验知识上转圈,过分强调实用,一个在原理公式上做深究,层层递进;一个重视哲理思辨和伦理道德,讲究平衡和谐,把"大一统"作为最高境界,一个刨根问底,注重内部结构和组成的深入分析、实验证明和理论概括。这种在思想文化和哲学观念上的差异,使各自的知识形态走向两个不同的方向:一种是在经验、空想和机辩上做文章,并和道德观念相结合,形成远离自然科学的伦理哲学;一种是自然哲学进一步理论化,形成严密的符号逻辑系统,并和严格的实验相结合,形成自然科学理论。

尽管在中国历史长河中也形成过一些美妙的自然科学的浪花,但由于受到所谓正统思想文化的挤压,加之缺乏严密的理论抽象,没能形成系统化、原理化的知识体系,最终没能走向科学的繁荣。

四、历史发展上的原因

历史原因说认为,古代中国人不乏对宇宙万物的探索性思考,不乏问题意识和质疑精神。2 000多年前的屈原曾对天发问,一连提出100多个问题,其中不少都是关乎自然的科学问题,极富挑战性,可惜没有多少人去仔细观察比较、深入研究剖析。墨子是古代具有一定科学精神的学者,在不少方面都撒播了科学的种子。墨家的"知识论"、"辩的方法"、"辩的形式"和"辩的法则"都包含有不少科学元素。他认为获得知识的方法有三种,即闻、说、亲。所谓"闻"就是从传授得来,老师教的或向别人请教而得到的知识;所谓"说"就是由自行学习、推论和领悟得到的;所谓"亲"则是通过亲身经验获得的。并科学地阐述了三者的关系。他认为"辩"的方法,有"以辞抒意""以名举实""以类取、以类予"等,所谓"以辞抒意"或"以类取"是指一个由特殊到一般、由具体到抽象的认识过程;而"以名举实"或"以类予"则是由概念到具体、由一般到特殊的认识过程。至于"辩"的形式在《墨经》中则多有体现,与我们现代西方的逻辑学三段论(大前提、小前提、判断)有异曲同工之妙。墨家还提出七条重要的论辩法则,包含着归纳演绎的具体方法。在《墨子》中,还对一些几何学、物理学知识进行了探讨,世界上第一例"小孔成像"实验就出自墨子和其学生之手,并解释了小孔成倒像的原因,这应该是现代照相技术原理的最早起源。试想墨子和他的学生们在2 500年前,就能够通过实验对光的直线传播进行科学解释,是多么具有超前性。以至于胡适、梁启超等曾夸赞墨子是一位伟大的科学家、逻辑学家和哲学家。墨子在自然研究方面的成就,绝不低于同时期古希腊的科学家和哲学家。只可惜墨子的科学思想和屈原的质疑精神没能继承和发扬下去,这里有着深刻的历史原因。

秦王朝统一了华夏,结束了诸侯纷争的局面,建立了大一统国家,虽然在统一文字和度量衡方面做出了伟大贡献,但也推行了残酷的"文化专治"的政策,诸子百家纷纷走向没落。紧接着汉武帝又实行了"罢黜百家,独尊儒术"的政策,墨家学说遭到不断打压,并在这种打压之中逐渐地失去了其所生存的现实基础与传播基础,直接导致墨家思想在中国的衰落,毁灭。那个时代的中国注重的是农业生产技术,而对于像墨家这样只专注于那些无关生产的科学问题,极少会有人感兴趣,甚至被嘲笑为"杞人忧天"。除却祭祀所用的天文观测、青铜制造知识和测量计数所需要的实用的数学知识以外,其他的科学压根都没有人去关注和研究。我们在百家争鸣时代,科学思想的光芒曾喷薄欲出,但是随着政治上的大一统,文化上专治和压制,以及后来战乱纷争的动荡时局,导致了很多精彩传统文化的丢失和科学思想的衰落,慢慢地形成了万马齐暗的沉闷局面。

东汉前期,政治上稍有宽松,于是就冒出了一些颇有价值的科学研究。著名的思想家王充(27—97年)曾对潮汐的现象作过比较深入的研究,最早把潮汐现象与月亮盈亏关联起来,指出潮汐大小随月相而变化,驳斥了当时流传的迷信传说。天文学家张衡(78—139年)在天文观测方法和天文仪器上都有不少创新和创造。

隋唐时代应该是中国文化极盛的时代之一,全国的社会秩序从长期动荡中渐渐安定下来,京杭大运河的开通,使南北的经济文化得到广泛的交流。特别是从唐太宗的"贞观之治"到唐玄宗的"开元盛世",政治相对稳定的时间较长,封建经济得到高速发展,也就为文化的繁荣奠定了坚实的基础,加之采取了比较开明和兼容的文化政策,同西方各民族的文化交流空前繁荣,大大丰富了中华文化。然而,隋唐开创的科举制度和文化倾向,虽然突破了选拔人才对门第出身的种种限制,有利于政治新生力量的培养,却同时带来了很大的弊端。强化了"十年苦读圣贤书,一朝登科春风沐"的读书做官的思想,优秀人才要么一心只读圣贤书,通过科举走上仕途之路;要么吟诗作文、纵情于山水之间;而关注科学、思考科学的人才越来越少。只有和尚、道士(如僧一行、李淳风等)中,尚存一些科学之心未眠之人。

一般认为,宋代是一个比较尊重知识分子的时代。宋朝统治者为了缓解外贡、内需的繁重经济负担,大力鼓励商品经济的发展。宋代的手工业作坊分工细密,产品做工精致,对技术发明创造者还给予一定的奖励。加之社会思想的变革,二程的"格物致知"观念,反映了人们求知欲望的觉醒,"观百物然后识化工之身,聚众材然后知作宝之用"。科技曾一度出现难得的发展局面,涌现了像沈括这样的一批科技达人。虽然很快便为战火的硝烟所淹没,但还是在历史上留下了光辉的篇章。被英国科学史学家李约瑟评价为"中国科学史上最卓越的人物"的沈括,留下了伟大的著作《梦溪笔谈》,即便用现代的眼光看,也是一部不朽之作。沈括是当之无愧的地理学家,他根据太行山岩石中的生物化石和沉积物,分析出华北平原远古曾是海滨,而华北平原的形成是黄河、滹沱河、涿水、桑乾河等冲积和泥沙淤积的结果,这是对华北平原成因最早的科学解释。沈括还根据"峭拔险峻的雁荡诸峰顶部在同一平面上"的现象,推断雁荡山是流水侵蚀作用而形成的,流水将疏松破碎的岩石、土壤等冲走,留下坚硬、固结而耸峭的山峰,这种对"流水侵蚀作用"的看法无疑也是正确的。直到18世纪末,英国的赫顿在《地球理论》一书中才提出类似观点,整整比沈括晚了约700年。沈括提出广种树木、保护树木以涵养水分的观点,也完全符合当代地理环境保护的理念。为绘制精确的地图,他发明了"飞鸟图"绘制法,使得北宋的地图绘制技术实现了一次革命。在宋代以前,绘制地图用的是"循路步之"法,也就是沿路步行丈量,用步行得出的数据绘制地图,由于道路弯弯曲曲,山川高低错落,用"循路步之"法绘制的地图与实况有很大的误差。而"飞鸟图"法则类似今天的航空拍摄,使得测绘的精确度大为提高。他还通过对磁力的细致研究,提出了地磁南北极与地理南北极并不重合的看法即存在"磁偏角"的现象。遗憾的是他的地理学思想没能形成系统理论,一些假说也缺少详尽的科学证明。但无论如何他懂得科学方法,富有科学思维,善于假设推断,即便在理论整理和科学实验方面有所欠缺,但他仍能称得上中国古代最伟大的科学家。

元朝是少数民族统治的王朝,很长一段时间废除了隋唐延续下来的科举制度,社会的创造力得到了一定的释放,但汉族知识分子依然受到很大的压抑和限制。废弃了科举考试,知识分子一下子无事可做了,于是乎,有的去写剧本、写歌词,去追寻娱乐生活趣味;有的写农书、修水利,去总结发展实用技术。这也就是短命的元朝能诞生伟大的戏剧,出版那么多有价值的农书,甚至产生出当时世界上最先进的《授时历》的重要原因之一。郭守敬被认为是元朝一位杰出科学家,在天文、历法、水利和数学等研究方面都取得了卓越的成就。他一生从事兴修水利事业,善于学习和总结前人兴水治水的经验教训,注重调查,勤于实践,努力探索和掌握规律性,并在工作中大胆创新,其贡献之大,为后人所推崇,但终因社会动荡而荒老于寂寞。

明朝前期国力较为雄厚,经济繁荣,海外贸易一度发达,在造船、天文、医学及农学等方面,均有所发展。但在中后期,由于倭寇侵扰等原因,走上了闭关锁国的道路,再加上政治腐败,日益衰落下来,错过了通过与西方交流去发展中国科学的大好机会。即便如此,明代还是出现了像徐光启这样的真正的"科学家"和科学传播者。他为了研究治理危害农业生产的蝗灾,几乎查遍了史料上100余次蝗灾发生发展的记载。经过细心的归纳,他首先发现蝗灾发生时间都在农历4—9月,特别是7—8月出现的概率最高。这时正是各种庄稼生长茂盛和开花结实的季节,食物丰富,能很快酿成大灾。从爆发的区域规律看,黄河下游为多发区,以"幽涿以南,长淮以北,青兖以西,梁宋以东"的地区较为频发,尤以干旱少雨而干涸的湖泊地域的危害最为严重。在掌握了蝗灾发生的时间和地点规律后,他又着手调查蝗虫的生活习性,指出"蝗初生如粟米,数日旋大如蝇,能跳跃群行,是名为蝻。又数日即群飞,是名为蝗。……又数日,孕子于地矣"。总结出蝗虫从发生、泛滥至消亡的过程。针对蝗虫发生发展的规律,他提出从虫卵期开始灭蝗的策略,彻底消灭蝗虫滋生的环境,割掉低洼积水处的水草,以清除蝗虫产卵场所,尽可能将蝗虫消灭于萌芽状态,一旦发现有漏网虫卵形成,就要通过撒草木灰进一步进行土壤处理,阻止虫卵孵化成幼虫,再有漏网者可进行挖沟扑杀和毒物诱杀。通过这样的早期防治、层层截杀，一般都能够取得比较理想的防治效果。不仅如此，他还提出调整种植结构，种植多种蝗虫不食用的芋、桑、豌豆、绿豆、大麻、芝麻等农作物，进行生态防治。这是我国历史上一次关于蝗虫防治的系统研究，也是一次真正系统的科学研究。无论是研究方法还是研究效果，已经与现代的科学研究相差无几。只可惜这种科学思想和科学方法，未能得到总结传承和理论提升。

事实上，明末清初我国有过一次"西学东渐"的浪潮。一批天主教传教士来到中国传教，带来了西方的科学，代表人物有利玛窦、汤若望、南怀仁等。利玛窦在明朝万历年间来到中国，他和当时中国的一些优秀知识分子如徐光启等人，共同开启了"西学东渐"的大门。利玛窦和徐光启合作，翻译了著名的《几何原本》前六卷。然而，中国人对他们带来的东西的兴趣主要在于器物层面，对西方科学理论感兴趣者甚少。徐光启在翻译了前六卷《几何原本》后，因父亲去世回家奔丧，回来后利玛窦也去世了，这就使中国人接受和学习西方科学思想的机会停顿了。一直到250年后的1857年，《几何原本》的另一半译本才被补齐，以至于错过了追赶西方几何学发展的大好机会。

第二次"西学东渐"是从1840年开始的。西方列强用炮火打开了我们封闭的国门，当时的有志之士发现洋人之所以船坚炮利，不仅仅是因为工艺的先进，而是背后有科学作支撑。要造坚船就要有物理学、数学的知识；要造利炮就要有化学的知识；要真正了解疫病就要有生物学知识。必须先向人家学习这些知识，"师夷长技以制夷"，才能实现赶超和振兴。但从整个社会来看，在多数国人的心目中的"科学"依旧是应用型的、力量型的技术学科，主要是先进的军事技术。虽然也有一些有志之士逐渐认识到科技对国家发展和强盛的重要性,但由于当时内忧外患,战乱频发,又不得不面对着一大堆难解的政治、经济和外交问题。因此,这次"西学东渐"的洋务运动成效并不十分显著,近代科学之门依旧没有完全打开。

从历史的总体来看,中国古代科技发展存在着明显的不均衡性。春秋战国时期,虽然五霸七雄割据一方,但激烈竞争对知识与人才需求高涨,各种思想自由成长、竞相发展,形成了百家争鸣的学术局面,墨学、农学、算学等都迅速成长起来。秦汉建立了大一统的封建专治统治,虽然采取"罢黜百家,独尊儒术"的政策,但随着对祭祀礼仪和疾病治疗的需求,天文学、医学等也都相继建立和发展起来。接着便是长时期的战乱造成的生产力的极大破坏,直到隋唐时代,经济才得到复苏,文化发展,科举兴起,众多知识分子跻身仕途,而科技方面的成就反而不甚突出,倒是宋代随着商品经济的发展,涌现了一批有影响力的科技发明。从元末开始,我国传统科技陷入缓慢发展的阶段。这从某种程度上,也反映出中国古代科技成就与历史发展的节奏有密切联系。

综上所述,古代中国科学技术没能繁荣地发展起来,原因是多方面的。既有历史文化方面的原因,又有政治经济方面的原因,也有哲学观念和知识形态的原因。我们没能培育和发扬伟大先哲们的科学思想萌芽,错过了一些难得的科学发展机会,最终没能走出封建思想的传统误区,所谓的"西学东渐"也只得其表、未得其实,未得到科学思想和方法。而就应用技术来说,中国确有不少精妙的东西,医学、农学、水利工程技术等,在多数历史时期都保持着世界领先地位。李约瑟对古代中国的应用科技曾评价说:"在中国完成的发明和技术发现,改变了西方文明的发展进程,并因而也确定改变了整个世界的发展进程。"指南针推动了大航海时代的"世界大发现",造纸、印刷术方便了知识的传播,这些都成为中国应用科技发展的见证。至于天文学更是可圈可点,诺贝尔物理学奖获得者斯蒂文·温伯格在《第三次沉思》中指出,中国古代的二十四节气及其对日月运行的算法,在唯象理论上达到很高的水平。二十四节气虽以气象物候之名,但其本质属于天文学上的太阳回归年,将其平均分为24份,以对应的物候记录了太阳的运行规律,有力地指导着农业生产。我们熟悉的祖冲之、郭守敬等古代学者,都对节气的算法做出了杰出贡献。宋应星在《天工开物》中,对农业节气的物候变化作了精确的记录和描述。对星体的观察更是达到了令人惊叹的地步,自春秋时代以来,哈雷彗星的历次回归在中国古籍中都可以找到记录;对于400年以前新星、超新星的研究,中国古代记录几乎是全世界唯一的目击资料,为现代天体物理研究者所重视。早在东汉时期,张衡就发明了地动仪,改进了浑天仪。他认为宇宙是无限的,天体的运行是有规律的;月光是日光的反射,月食起因于地遮日光,月球绕地球运行且有升降。还正确解释了冬季夜长、夏季夜短和春分、秋分昼夜等时差的原因。他结合对天体运转情况的观测,得出地球绕太阳一周为三百六十五度又四分之一度的结论,与近世所测地球绕日一周历时365天5小时48分46秒的数值几乎等价。虽然中国的确有不少天文方面的天才,但终究没能揭示天体运行的科学规律,不得不说是历史的一个遗憾。

第三节 西方科学的兴起和发展密码

一、科学思想的指引和科学方法的建立

西欧西临大西洋、南靠地中海、北接北冰洋,是近海民族的栖息地,海上贸易一直比较发达,人们因贸易而聚集,城市因贸易而发展,契约精神根深蒂固,人们的自由和独立意识较强,思想开放,勇于探索。生活在地中海沿岸的古希腊人,早在公元前就开启了科学文明的探索,陆续涌现了一批伟大的哲人,亚里士多德(前384—前322年)就是十分杰出的一位。他是西方哲学的奠基者,是科学探索的先驱和体系化者,他的《工具论》收集了《范畴篇》《解释篇》《前分析篇》《后分析篇》《论辩篇》《辩谬篇》等6篇逻辑学专著。系统讨论了命题、范畴、三段论等问题,建立了证明、定义、演绎等分析方法,为形式逻辑奠定了基础,促进了理性思维的发展,对后来的科学发展又产生了很大影响。他撰写的《物理学》更是世界上最早的物理学专著,是对自然的本质、原因或元素的深入研究,为物理学的发展奏响了序曲。稍后诞生的科学达人阿基米德(前287—前212年),是集数学家、物理学家、天文学家为一体的科学家,也是静态力学和流体静力学的奠基人。他既重视观察和实验,又重视逻辑推理;既分析物理现象,又注意用数学方法论证。在他那里体现了实验方法和数学方法的完美结合,奠定了自然科学研究的方法学基础,使得古希腊科学在思想和方法方面已接近了近代科学。

　　到了 11 世纪,欧洲开始出现了大学。虽然起初受到了宗教势力的严密控制,但不久就形成爆发之势。欧洲各地相继出现了许多知名的大学,如牛津大学(1168 年)、剑桥大学(1209 年)、巴黎大学(1200 年)等,到了 14 世纪末欧洲已有 60 多所大学。这些大学很快成为当时学习和交流科学技术的专门学术机构,为欧洲近代科学的诞生准备了条件。从大学开设的课程来看,既包括人文学科,也包括自然学科,语法、修辞、逻辑、数学、几何、天文、音乐、法律、医学等一应俱全,学生规模几百至上千人不等,学制多为 5~6 年。

　　这些大学为欧洲的文艺复兴运动和科学研究兴起培养了一批优秀人才,如培根、达·芬奇、哥白尼、薄伽丘、塞万提斯、布鲁诺等。伟大的思想家培根大胆地提倡研究自然科学,提倡用实验的方法去研究自然界。他指出"聪明人通过实验来认识理智和物质的原因,没有实验什么东西也不能令人满意地得到理解"。培根在重视实验的同时也很重视数学,他认为经验的材料必须用数学加以整理和论证,任何一门科学都不能离开数学。如果说古希腊科学离近代科学已是一步之差,那么中世纪后期就已到了科学兴起的边缘,培根在思想和方法上推动了这一步的跨越,然而真正的科学突破当属哥白尼的天体运行学说的建立。哥白尼(1473—1543 年)经过长期的观察、计算和研究大胆地提出了一个最早的科学学说——"日心说",指出了"地球绕着太阳转"的科学事实,并证实公转一周的时间为 365 天 6 小时 9 分 40 秒,与实际的误差只有百万分之一;月亮到地球的平均距离是地球半径的 60.30 倍,实际误差只有万分之五。从而为科学宇宙观的建立奠定了坚实的基础,推动了天文科学的革命性发展。后来经过布鲁诺、开普列、伽利略等人的持续努力和不断完善,终于建立了成熟的天文科学体系。之后牛顿又发现了万有引力定律,揭示了天体运行的密码和规律,建立了牛顿力学体系,为自然科学大厦的建立奠定了基础。

二、学习和吸收外部文明的成果

早在公元前6—前5世纪,由于希腊和埃及、古巴比伦通商,希腊的许多学者先后到埃及、古巴比伦留学,埃及的几何学和古巴比伦的算术随之传入希腊。手工业、商业和造船业的发展又推动了几何和代数的发展。商贸活动的扩大,增加了人们的见识,孤立片断的经验已经不够用了,需要比较全面系统的算术和几何知识来解决实践中所碰到的各种问题。古代西方世界的各条知识之流都在希腊汇合起来,经过古希腊哲学家和数学家的过滤和澄清,才形成了数学成就的精华——欧几里得的《几何原本》和阿波罗尼斯(前260—前170年)的《圆锥曲线》等,这是他们在总结交流的基础上经过逻辑推演和理性思考所形成的光辉成果。以简洁明晰、方便计算著称的阿拉伯数字,也是经由阿拉伯人自印度传入西方的。这些外部文明的不断输入,是长达一千年的古希腊文化得以繁荣的重要原因,也奠定了自然科学思想的根基。

进入12世纪以后,中国的火药和指南针传入欧洲,促进了航海技术、炸药制造技术等的发展,欧洲各国竞争也进入了白热化,一场战争接着一场战争。作为威尼斯兵工厂首席科学家的伽利略,致力于研究弹道学规律和落体运动,为运动力学的发展铺平了道路。另外一些科学家进行着火药的改进和爆炸学原理研究,深刻理解燃烧与爆炸机制的渴望,推动了拉瓦锡化学革命的爆发,这些都为科学发展增添了力量。应该说对外部知识的学习与吸收、改进与提高、交流与竞争是促进欧洲科技发展的一股重要的推动力。

三、科学实验仪器的发明

说到西方现代实验科学的兴起,不得不首先提到玻璃的发明和应用,玻璃的发明为科学实验的开展做出了重大贡献。纯碱是制作玻璃的重要原料之一,加入纯碱可使玻璃的原料石英砂的熔点从1 750℃降到800℃左右,极大地降低了玻璃生产加工的难度和应用门槛,使得玻璃进入千家万户成为可能。玻璃的发明具有一定的偶然性,传说运载烧碱的马车,进入了沙漠地带,在无依无靠的情况下,因做饭需要,不得已用块状烧碱支垫起临时的锅灶,烧火做饭,次日竟发现烧火处有大片玻璃结晶,在阳光下发出耀眼的光辉,这正是沙子的硅酸盐与烧碱在高温下形成的玻璃。13世纪以后,欧洲人又发明了无色透明的玻璃,他们尝试着把玻璃做成一定形状的器皿或打磨成镜片,竟然对科学研究起到了巨大的推进作用。首先玻璃促成了显微镜和望远镜的发明。据史料记载,1590年荷兰发明家亚斯·詹森发明了世界上第一台显微镜,罗伯特·胡克首次运用显微镜发现了小房子样的植物死细胞。1608年荷兰一个叫利帕希的眼镜商,将两个透镜片安装在一个圆筒里,制成了人类历史上第一架望远镜。1609年伽利略通过技术改进,制造出一架能够放大更多倍数的望远镜,并用它首次发现了月亮上的山脉和环形山,同年又发现了木星的卫星。伽利略将他的新发现写成了《星界的报告》一书,记录了他用望远镜观察到的新天象,这对于哥白尼的"日心说"是一次有力的科学证明。1641年意大利物理学家托里拆利(1608—1647年)用1米长的玻璃试管和水银做出气压计,量度了大气压力,打开了现代物理的大门。1675年荷兰人列文虎克用自己制作的显微镜观察到了水滴中的单细胞有机体,使人类第一次真正走进了微观世界。正是望远镜、显微镜、温度计、气压计和各种玻璃器皿的问世,使得过去不可想象的实验和测量工作成为现实,使精确的化学和生物实验等成为可能。再加上17世纪中叶法国数学家洛贝尔巴尔发明的摆动托盘式天平,将称量技术进一步精确化,从而使科学真正建立在计量和实证研究的基础上,开辟了近代科学研究的新纪元。因此,人们常把玻璃镜片和器皿的发明、天平的改进,看作是撬动西方实验科学发展的两大杠杆。

在一批又一批科学先驱的努力下,特别是欧洲文艺复兴运动的助推下,自然科学终于从中世纪欧洲宗教严密统治的时代走了出来,科学思想和精神不断的深入人心,科学方法不断完善和提高,科学研究也由此进入了全面成长的时代,数学、物理、化学等都各自构建起自己的学科研究体系。特别是19世纪科学的三大发现(细胞学说、能量守恒定律、生物进化论),深刻揭示了物质运动的统一性和生命的细胞本质及进化源泉,为最终战胜神学和迷信提供了最猛烈的一击。从此,科学研究不断地走向繁荣。

第四节　从科技创新中心的转移
看社会文化环境的重要性

近代科学兴起的400多年间曾发生过5次世界科学中心的转移,人们关注的焦点大多停留在每次科学中心转移时涌现出的那批璀璨的科学明星,仿佛是天降英才的结果。其实,人才什么时候都有,问题是为何这些英才偏偏在这个时候,出现在这个地方,并引起了科学革命呢? 显然,在科学中心形成的背后还有其他复杂的社会因素在起作用,在这诸多因素中起到"细雨润无声"作用的根源就是文化环境。

先进文化是科学得以繁荣发展的基础。文化作为一种观念与规则的集合,既为社会个体提供了行为规范与指导,又为整个社会提供了整合与再生产的思想资源,从这个意义上说,文化是一种生产性要素。深入认识每次科学中心形成与转移背后文化因素的作用,对我们建设具有世界影响力的科创中心而言,具有重要的借鉴意义。

第一次科学中心形成于意大利(1504—1610年),这次科学中心形成的文化基础是建立在前期(14—16世纪)文艺复兴运动基础上的。从米开朗琪罗的《大卫》作品到伽利略的望远镜,文艺复兴的浪潮冲垮了僵化腐朽的经院哲学桎梏,使人们的目光开始从宗教转向自然,转向对科学的追求,极大地释放了知识界的创造力。只要看这个时期的达·芬奇、布鲁诺、伽利略等伟大学者的工作,就可以真切理解,文艺复兴对于第一次科学中心的形成所具有的奠基性作用。

第二次科学中心形成于英国(1660—1750年),这一时期最重要的文化现象是清教主义的确立,清教伦理的价值观鼓励人们勤奋工作、珍惜时间、节制欲望,追求真理。培根的经验主义哲学也加速了科技进步,促成了英国科学中心的形成。关于清教文化的积极作用,英国社会学家默顿在其经典著作《17世纪英格兰的科学技术与社会》中做了详细分析,雄辩地证明了清教文化对英国科学中心形成所起到的巨大作用,特别是培育了以牛顿、波义耳、胡克等为代表的一批科学家,创新了科学理念,扩展了人类科学视野,由此形成了一种全新的科学观念。

第三次科学中心形成于法国(1760—1840年),其背后的文化资源是影响深远的启蒙运动,出现了以卢梭、伏尔泰等为代表的哲学家、思想家。他们主张宗教上的无神论、哲学上的唯物主义,试图使人民的思想从传统偏见、神学教条等的压制下解放出来。以拉瓦锡、安培、拉普拉斯、拉格朗日为代表的一批科学家应运而生,形成了风靡一时的科学研究热潮。

第四次科学中心形成于德国(1875—1920年),以新人文主义运动、洪堡的大学改革作为文化变革的切入点,使"教学与研究的自由、教学与研究相结合"的理念深入人心,从而带动了文化与大学的快速发展,带动了科技与工业的结合。产生了普朗克、欧姆、高斯、黎曼等一批杰出的科学家。特别是李比希等争相把科学知识投向产业,带动了一批科技工作者投身于应用科技,形成了许多重要的基础产业,使其化工、染料、汽车制造等工业领先全球。

第五次科学中心形成于美国(1920年至今),美国科学中心的形成是科学启蒙与工业启蒙综合推动的结果。支撑美国科学中心形成的文化资源是来自美国本土的实用主义文化和自由思想之风,它把确定信念作为出发点,把采取行动当作主要手段,把获得实际效果当作首要目的。强调把自由思想、个体的生活、行动与效果的有机结合,打破了那些阻碍行动的繁文缛节,鼓励发明创造和自由探索,从而彰显了简洁、自由、多元的文化功能。一时间大师云集,爱因斯坦、费米、冯·诺依曼、爱迪生等杰出的科学家和发明家,把伟大的科技革命推向高潮。20世纪的很多伟大科技创新成果,都是在这种文化背景下产生的。

第六章

科技创新我们还缺些什么？

　　早在 400 年前,徐光启面对中国已经明显落后了的科学技术,就提出了"欲求超胜,必须会通;会通之前,必先翻译"的正确建议,并在一些方面付诸实施,如在历法上洋为中用、博采众长,很快赶上了世界先进水平。现实使他敏锐地意识到培养科技人才的重要性,他认为,西方学术先进的原因是"无他谬巧也,千百为辈,传习讲求者三千年,其青于蓝而寒于水者,时时有之";反观中国历史,对自然科学感兴趣的学者数量不多,杰出之人"越百载一人焉,或二三百载一人焉"。可惜他的上述意见并未引起当局的关注。

　　从洋务运动开始,一批知识分子和有识之士开始有了科学意识的觉醒,并开启了成批次派遣留学生的计划,1872—1875 年,清政府连续 4 年派出幼童赴美国留学。每年一批,每批 30 人,一共120 人。作为最早的官派留学生,他们有机会系统地学习西方科学知识,成为中国早期的科技人才。科技著作的翻译也进入了全盛期,仅江南制造局翻译馆就组织翻译了大批西方的科学著作,以李善兰、徐寿、华蘅芳等一批中国学者,会同英国传教士傅兰雅等,共翻译科技图书 100 多种,几乎涉及自然科学的各个门类。很快我国也建立了培养科学人才的专门教育机构——格致书院(由李鸿章倡议设立,1874 年筹建,1876 年建成,近代著名化学家徐寿和时任英国驻沪总领事麦华佗联合创办),它是中国近代最早开办的以传授西方自然科学知识、培养科技人才为主的新型学堂。接着又创办了以科学教育为主的中国最早的大学"北洋大学"(天津大学的前身),开始培养自己的工程学、矿务学、机器学方面的人才。并着手创办了我们自己的科学研究机构,中国的科技在风雨飘摇中艰难前行。"五四"新文化运动,开始把"德先生和赛先生"写在自己的旗帜上。其中"德先生",即"Democracy"的音译,代表民主之意;"赛先生",即"Science"的音译,代表科学之意。科学精神开始深入到基层社会,但在那个战乱不息的动荡年代,科学不可能真正受到重视。

直到新中国成立以后,中华民族又重新站了起来,才建立起了完整的科学研究和科学教育体系,并为科技事业的发展提供了稳定的社会环境和基础准备。改革开放40年,我们奋起直追发展科技,不断从追赶到并跑,志在超越。今天,中国的科技人力资源超过8 000万人,全社会研究与实验发展人员全时当量已超过509万人,中国的博士学位授予量每年超过5万人,我们可以独立自主地培养科学家、技术发明家、工程师、科技管理者等,我国公民具备科学素质的比例在10%以上。2021年,我国全社会研发投入达2.79万亿元,占国内生产总值比重达2.44%,研发投入排名世界第2,国家创新能力综合排名也升至世界第11位。进步是巨大的,成绩是显著的,但距离世界现代科技强国的目标尚有不少差距,我们需要正视差距,正视问题与短板,扬长避短,加倍努力,在实现科技自立自强和高质量发展上狠下功夫,为早日进入创新型国家的前列、建成现代化科技强国而努力奋斗。

近年来,我国虽然在科技创新方面取得了很大的成绩,但是我们必须保持清醒的头脑。我们还没有站在世界知识经济的巅峰之上,而是依然处于爬山过程的半山腰,而登上顶峰的过程恰恰也是最困难、最吃力的。我们有许多有利条件和优势,但是也有一些不利因素和弱势,对此我们必须保持清醒的认识。知识的自主生产需要一个长期积累的历史过程,唯有长期坚持基础研究,注重原始创新,才可能实现关键突破。由于我国长期处在赶超发展阶段,比较注重科技的应用效能,因而基础性研究方面有所欠缺,原始创新的动力不足,在一些关键的核心技术上容易被别人"卡脖子"。另外,在科技创新文化和制度的建设上还有亟待改进和加强的地方,科技人才的活力和潜力需要进一步释放,科技成果转化能力和效率需要进一步增强,全社会科技文化素质需要进一步提升,我们唯有加倍努力,才能迎头赶上,实现全面的超越。

第一节　弘扬科学精神　培育创新文化

由于现代科学引入中国的时间尚短,中国在科学文化的发育上不是很充分,主要表现在:一是科学价值观不健全不完整,还存在着"十年寒窗苦读书""飞黄腾达耀祖宗"的价值追求,"官本位"的封建残余未能彻底清除。二是科学思维还没有普遍建立起来,传统文化中"述而不作"的研究方式、注重经验描述而忽视严谨的逻辑推理和理论升华、不重视数学分析和实验分析等深度解析的问题,还没有得到根治。三是受封建礼教的影响,思想不够解放,个性比较压抑,不敢"冒尖""僭越"和挑战权威,不敢提出与书本、前人不同的创新路径和科学假说,自由的创造个性受到束缚。四是有违科学精神的狭隘功利主义和极端实用主义还存在一定的市场,学风作风不正、学术行为不端的"急功近利""弄虚作假"和"投机取巧"的现象还时有发生。五是社会对科技创新失败和偏差的包容度低,对创新创业失败者的保护力度不够,枪打出头鸟、跟风议论批评他人的"随众"和"吃瓜"心理比较普遍。六是大众对科学与伪科学的识别能力还有待于进一步提高。

由于上述种种原因,以至于一些科研人员在科学价值观上,要么"四平八稳",安于修修补补;要么过分追求功利,急于求成;

要么过分看重"帽子"和"票子"，钻营升官发财。探索科学真理的专注度和激情不足，缺乏追求科学真理的"静心"和坚持真理的执着，喜欢搞"短平快"，不愿坐冷板凳、啃硬骨头，不想当挖井人和栽树人。在思维方式上，一些科技工作者尚未完成从经验思维向科学思维的转变，看重经验积累，长于模仿跟踪，不善于从实验观察和理性思维中做出独立自主的判断和提出与传统经典相左的理论假说。而在行为规范上，一些科技工作者缺乏严格的科研素质训练和科学习惯养成，没有形成良好的科学传统和过硬的学风作风。一些管理层，对基础研究和原创性研究的风险性、长期性和深远意义认识不足，总希望少投入、多产出、周期短、见效快，甚至产生拔苗助长的心理，缺少"园丁精神"和"勤务员"的心态。

　　凡此种种，都在一定程度上影响着中国科技大踏步的创新发展，故需要在全社会大力弘扬科学精神，培育创新意识、创新思维和创新文化。要学习钱学森、李四光、竺可桢等老一代科学家的爱国之心、报国之志和勇于攻坚克难的担当精神；学习邓稼先、蒋筑英等优秀科学家不计名利、献身科学的忘我精神；学习陈景润等数十年如一日的默默耕耘、不懈追求的钻研精神；学习袁隆平、黄大年等敢于创新、敢于创造、追求卓越的进取精神；学习熊庆来、华罗庚、钱三强等无私传承、提携后辈的育人精神；学习高士其一生致力于科学传播和科普宣传，生命不息、奋斗不止的人生态度；学习王淦昌等对科学问题严肃较真、实事求是的学风与作风；学习聂荣臻元帅爱护科学家、信任科学家、甘当"后勤兵"，鼓励和支持科技创新的感人事迹。要在全社会树立起强大的创新意识、崇高的科学精神、坚定的科学信仰、健全的科学文化。

第二节　加强基础研究和源头创新

在基础科学研究上，我国是背负过屈辱的。早在 20 世纪之初，就有个别外国学者对中国发表过尖酸刻薄的批评。美国物理学会第一任会长亨利·罗兰曾挖苦道："如果停止科学进步，仅关注技术开发，那么我们很快就会堕落，会沦为与中国人一样的民族，他们接连好几代都没进步，是因为只满足于科技应用，从不探寻其深层原因。中国人早知火药应用，如能用正确方法探寻其功能的原因，就可发展出化学，甚至物理学……（但都没有）以致我们现在把这人口众多的古老民族当作野蛮民族。如果不深入探索，就像捡起富人掉落的面包屑，得到更多的面包屑就自认比富人更富有，而忘却富人拥有面包。"诸如此类的傲慢和优越感，主要来自于他们在基础性科学研究上的优势，他们的确在继承了古希腊和罗马科学文明的基础上，在 16—19 世纪的几百年间，进行了声势浩大的基础性研究，拥有了大量的科学发现以及与之相关的重要技术发明。而那时的中国，却闭关锁国、战乱不息。中华民族在经历了近代以来艰苦卓绝的努力和奋发向前的追赶后，如今我们也傲然站立在了科技创新的前沿阵地上，我们有志气也有能力在基础研究和源头创新上大展宏图，为世界的科学进步和文明发展做出更大贡献。

我国基础研究虽然也取得了显著进步，步入创新型国家行列，但由于起步迟、底子薄、发展时间短，同国际先进水平的差距还是很明显的。我国面临的许多"卡脖子"技术问题的根子都在于基础研究薄弱，理论研究跟不上，源头和底层的东西没能搞透彻,"精细特"的基本功有所欠缺,这也进一步凸显了基础研究在创新体系中的源头地位。我们必须花大力气强化基础研究、补齐科技创新链条中的源头短板,努力解决好我国基础研究工作薄弱的问题。

《第四次全国科技工作者状况调查报告》显示,近四成基础研究人员表示不想从事基础性研究工作,排前三位的原因分别是基础研究收入低(48%)、研究周期太长(44%)和难出成果(44%)。由于基础研究所需的周期长、风险大和具有较多的不确定性,所以一些科研人员不愿意从事基础研究,而倾向于选择容易出成果的确定性较高的跟踪性、修补性和延展性的"短平快"研究,不愿从事风险高、耗时长和吃苦费力的探索性研究。中国科学技术发展战略研究院开展的一项科研人员抽样调查指出,有49.3%的人员表示"不得不花大量时间和精力申请经费",而且"获得科研经费资助比较困难","由于缺乏稳定经费支持,难以聚焦研究方向"。这些问题说明:基础研究人员获得科研资助的难度大、稳定性差,不能集中心思做研究,不得不花费大量的时间和精力去争取条件和经费的支持。另一项科研人员抽样调查显示51%的科研人员认为自己用于科研的时间不够用,事务性的工作太多,人财物的调配不自由,"打酱油的钱不能买醋",仪器设备的采购程序多、限制死,造成一边是急需的物品、合适的品牌不能及时买到;而另一边却时有闲置浪费(多为低价中标的仪器设备),造成科技资源利用率低下。

解决上述问题的关键,还是要切实解决好对基础研究的认识问题,加深对基础性研究规律的理解。由于发展阶段和发展水平的限制,我国的科技发展在过去很长一段时间里,主要采取学习、引进、消化、吸收、再创新的方式,以跟踪研究、移植创新和集成创新为主要的发展路径,重点解决急需的现实问题,而在基础研究和源头创新方面的投入相对薄弱了一些,出现了后劲不足和关键核心技术"卡脖子"的情况。以至于在重大基础理论研究上没有太多的突破,在一些关键核心技术上受制于人。这固然是发展中和前进中必然遇到的问题,任何发展中国家都难以例外。但不可否认也确实存在着一些认识和观念的问题。对基础研究的前瞻性、关联性、牵引性和带动性认识不足,存在着重实用轻理论、重眼前轻长远的倾向,对基础理论、基础材料、基础方法和基础仪器方面的研究支持和创新鼓励做得不够得力。

世界科技发展历史证明,基础研究的重大突破往往会催生原始创新,带来生产力的大幅提升,从总体上提升综合国力。我们要实现科技强国的目标,必须下大力气夯实基础研究的根基,大幅提升原始创新能力。第二次世界大战期间原子弹、雷达等的发明和抗生素的使用帮助美国赢得战争胜利,并使美国政府意识到基础研究的重要性。在范内瓦·布什的建议和推动下,美国开始改变之前依靠欧洲基础科技成果的发展模式,组建美国国家科学基金会等科研管理机构,持续加大基础研究投入,大力引进全球高端人才,推动物质科学、生命科学、信息科学等基础学科快速发展,为最终成为头号科技强国奠定了基础。20世纪70年代起,日本因从欧美引进技术受阻,开始改变过去的"科技追赶"战略,实施"科技立国"方针;不断加强基础研究和原创技术研发,基础研究投入强度长期保持R&D总投入的15%左右;实施COE计划(Center of Excellence Project),重点资助基础性、前沿性学科发展,最终产生了巨大的成效。日本诺贝尔奖获奖人数在21世纪迎来井喷式增长,甚至超过英、法、德等老牌科技强国。

历史一再表明,只有科技基础扎实方能行稳致远,只有科技基础扎实方不受制于人,而扎实的基础研究成果不是一蹴而就的,需要长期的积累和努力。眼下,我国在经历了40多年的高速发展后,已建立起雄厚的经济基础和物质条件,进入建设现代化科技强国的新时代。世界正经历百年未有之大变局,新一轮科技革命与产业革命蓬勃兴起,进入新发展阶段,面对激烈的国际竞争,我国到了必须走自立自强的高质量科技发展道路的时候了。当前,国际环境发生深刻复杂变化,国家发展和安全各领域对源头创新不断提出新需求。新形势下,全面加强基础研究,提升原始创新能力,既是有效应对外部风险挑战、实现科技自立自强的迫切要求,也是我国面向长远发展构建先发优势,最终实现中华民族伟大复兴的重要战略支撑。

习近平同志指出,基础研究是整个科学体系的源头,是所有技术问题的总机关,是我们从未知到已知、从不确定性到确定性的必然选择。基础研究的重大突破,往往会催生众多的原始创新和颠覆性创新,带动生产力的跨越式前进,深刻改变人类的经济社会面貌。基础研究能力和源头创新水平,是一个国家和民族科技发展水平和能力的重要体现,是建设创新型国家、实现我国科技自立自强的必然选择。历史一再表明,前沿科学基础、颠覆性技术和深层的创造力不可能通过引进吸收的方式来繁荣发展,也是买不来、学不到的。必须靠自立自强,从基础抓起、从源头做起、从创新素质和能力的培养抓起。我们要善于从经济社会发展和国家安全面临的实际问题中,凝练科学问题,弄通"卡脖子"技术的基础理论和技术原理,勇于挑战最前沿的科学问题,在独创独有上下功夫,提出更多原创理论,做出更多原创发现,力争在重要科技领域实现跨越发展,跟上甚至引领世界科技发展新方向。

基础研究包括自由探索和目标导向两类。自由探索是以科学家探索世界奥秘的好奇心驱动,往往没有明确的应用目标。要克服过度的功利主义和实用主义对自由探索的影响,须知基础科学是不需要太多功利的,需要更多的是对科学真理的热爱,是兴趣和责任;需要坐冷板凳,花大功夫,进行孜孜不倦的探索和追求。从科学发展史可以看出,真正的基础性、原创性的科学理论都是来自无功利的研究热情和无拘无束的自由探索。例如,牛顿从对茫茫天体运动的痴迷思考中发现了万有引力定律;法拉第和麦克斯韦从对电流和磁场规律的兴趣出发创立了电磁学理论;普朗克从弄明白黑体辐射的过程中奠基了量子力学基础。我们要从改变目前教育过分功利化抓起,真正培养学生热爱真理、崇尚科学、勇于探索和独立思考。要知道,科学家的想象力、创造力的喷发往往是在自由探索的激情之中,而不是在世俗功利的压力之下。如果只是用单纯的功利主义和实用主义态度来对待基础科学和自然科学家,到头来就只能跟着别人走,围着别人转。那么,我们就不可能走到世界科技的最前列。

所谓目标导向的驱动,就是通过国家的重大科技需求来带动基础研究的发展。例如,费米等人在探寻大规模利用原子能的有效方式时发现了核裂变链式反应,拉比等人在研制雷达过程中推动了量子理论的发展。

总的来看,无论是自由探索还是国家需求导向,基础科学领域的重大突破都将为后续的技术创新和产业变革提供强劲源头动力。因此,我们需要构建目标导向和自由探索有机结合的基础研究格局,注重在理论与实践的结合上凝练基础科学问题。一方面要按照科学发现的自身规律,鼓励以兴趣和好奇心驱动的自由探索和交流讨论;另一方面,要通过重大科技需求中的问题导向,凝练和抽象出理论或原理,探索其科学规律,使基础研究和应用研究相互促进。要强化"从0到1"的源头创新导向和以我为主的自主创新导向,发挥新型举国体制的协同作用,促进基础科学根深叶茂、源头创新春色满园。

"原创"一般来自假设和猜想,是一个不断学习、观察、分析、思考、想象、验证、归纳的复杂过程。原创需要坚实的学科基础,先进的材料和方法,只有把基础研究做扎实了,把基本原理问题搞清楚了,创新才有依托和高度;反过来源头创新又促进、加快和充实基础研究。我们知道,没有对光反射和折射原理的基本了解,就不会有显微镜和望远镜的发明,而显微镜和望远镜的发明,又极大拓宽了人类认识自然的视野。没有对光本质的认识,就不可能发明出激光器、光纤通信和光刻技术等,也就没有今天的信息革命。

因此,我们要花大气力做好基础研究,尤其要加强数学、物理、化学等重点基础学科建设,加强基础材料、基础仪器、基础软件等的攻关研究,在原创发现、原创理论、原创方法上不断取得新突破。要瞄准世界科技前沿,抓住大趋势,下好"先手棋",打好基础、储备长远,甘于坐冷板凳,勇于作栽树人、挖井人,推动前瞻性基础研究、引领性原创成果的重大突破。

我们需要进一步转变观念,重塑重视基础、重视原创的科技发展理念,实现从效率改善到价值创造的观念转变,坚持把以人为本和人的自由全面发展作为价值导向,以应对重大的社会关切和发展需求作为现实导向,强化基础创新资源的科学配置、系统整合和不断优化,加强基础研究人才的培养和创新素质的教育,加大对基础研究和源头创新的投入,改革不利于基础研究发展和源头创新培育的体制机制。

一是要加大基础研究的经费投入。我国基础研究投入占

R&D总投入的比例,长期徘徊在5%左右,直到2020年才提升到6%,与创新型发达国家15%~20%的占比相比,仍有不少差距。要不断优化中央和地方基础研究财政资金支出的规模、结构,还可以通过政府、社会和市场共同设立基础研究基金,提高全社会基础研究投入力度。

二是推动基础研究平台建设。加快"双一流"高校和基础研究类科研院所的建设进程,重视基础学科和基础设施的建设,努力打造综合性国家科学研究中心,使其成为重大基础研究的策源地和根据地。并通过深化创新平台发展模式和管理模式的改革,实现创新资源由粗放分散到共享共用。

三是培育基础研究的新生力量。从大力培养热爱科学、善于思考、具有创新精神的学生抓起,打牢他们的学科专业基础,提升创新创造素质,瞄准基础研究的前沿和关键领域,加快培养基础研究的紧缺人才。

四是合理设计和优化基础研究的布局。加强基础理论、基础材料、基础手段、底层硬件和软件的科技攻关,为攻克"卡脖子"的关键核心技术提供扎实的基础支撑。

五是创造有利于基础研究和源头创新的科技生态,优化和提升基础研究的参与主体、运行模式、方式方法等过程性经验,为基础研究和源头创新提供政策、法规等制度性保障,驱动创新生态管理模式从粗放式管理到高水平服务。改革创新基础研究人才的评价体系,破除人才评价体系中"四唯"倾向,努力为基础研究人才提供必要的各类保障,提高基础研究科研工作者的积极性和创造性。

今天的基础研究,早已不是一支笔、一张纸、一个人单枪匹马就能完成的,除了需要数学、物理、化学等基础学科的协同努力和长期奋斗,还需要从超级计算到微观探测等的大科学装备和尖端分析仪器的系统支持。谁能率先掌握和使用先进的技术手段和分析方法,谁就更有可能在基础研究中占得先机,基础科学研究与新技术新方法新装备的结合、与其他相关学科的交叉和融合,是寻求新发现新突破的重要路径。新一代基础研究人员不光要有沉浸于专业领域的自由探索精神,还要有扎实的基础,广阔的见识和跨学科的思维。只要我们认清不足、认准方向,以破釜沉舟的决心、愚公移山的精神,花大气力、用大心思,强基础、补短板、抓原创,就一定能够走出一条独立自主的科技强国之路。

第三节　加强交叉学科和大科学建设

当前,随着新一轮科技革命和产业革命加速迭代,不同学科间的交叉融合不断加快,学科界限更加模糊,跨学科研究和多学科交叉不断开拓出新的研究领域、形成新的学科生长点、产生出革命性创新成果。科学研究范式也在不断演进,以信息技术支撑的、交叠的知识形态应运而生。

这种新型的知识形态既不同于经验性的知识形态,也不同于原理性知识形态。经验形态的知识,主要面对的是宏观物体的机械运动,主要靠初等数学并且通过日常经验来验证。原理形态的知识,是微观物理运动、化学过程和生命机制的认识,主要靠理论假设和模型来表达并且通过实验加以验证。

而信息技术支撑的交叠形态的知识,是来自对复杂科学或"大科学"的研究,它们很难在一种学科原理下加以表达,其知识形态具有多元学科的交叠性和融合性特征,需要借助系统论、信息论及其计算机辅助的模拟计算和大数据挖掘等现代科学手段，通过跨学科研究团队的协同创新来实现突破。

不久前，中国科学院古脊椎动物与古人类研究所在"从鱼到人"的研究中取得了前所未有的重要突破，更新了对有颌类起源、崛起的传统认知，填补了"从鱼到人"演化史上缺失的最初始环节。该成果的取得得益于对高精度CT扫描、精细三维重建、扫描电镜元素分析、全光位图像、大数据分析等技术的综合应用。

这种交叠形态的知识在微观上更深入，借助尖端技术手段人们可以深入到事物更加内在的微妙之处；在宏观上更辽远、更悠长，可以把地球上的变化与远古的气候和遥远的星体运行关联起来，把学科的边界大幅度拓展，从而使得科学知识进一步综合起来、统一起来，实现认知的巨大飞跃，进而推进社会进入高度信息化的知识经济时代，这同时也逐渐改变了知识生产和科学研究的范式。我们唯有通过大力发展交叉学科，开展大科学研究、跨学科研究，通过多维创新和协同创新，才能适应这种变化。

所谓交叉学科研究，是指整合两个及两个以上学科的视角、概念、理论、工具、技术等，针对超越单一学科的重大前沿复杂问题所实施的多学科交叉研究行为，本质上是一种跨越传统学科无形"疆界"的跨学科研究活动。面对科技领域日益综合、社会发展的问题日趋复杂化交织，交叉学科研究的重要性日益彰显。通过学科间的开放性、融合性研究，实现既有学科水平的全面提升和整体升级，并产生出新的学科生长点，孕育出新兴学科，取得新的创新性成果。学科交叉活动是多元的、分层次的，从学科间思想理论或研究方法的借鉴到形成相对独立的理论、知识、方法体系等都属于交叉学科研究的范围。不同学科间的交叉协同作用一旦聚焦到未解难题的关节点上，往往能够产生非同寻常的穿透力,甚至发射出引领未来科技的希望之光。

DNA双螺旋结构的发现,就是多学科协同探索的范例。虽然我们坚信DNA就是遗传物质,但在很长时间里,并不了解其在生命活动中发挥作用的机制。直到两位不同学科的学者沃森和克里克,在剑桥大学卡文迪许实验室的邂逅之遇和通力合作,才解开了DNA的遗传结构之谜。在他们之前,伦敦国王学院的威尔金斯和富兰克林,已经在DNA晶体结构的X射线衍射分析方面,做了大量的研究工作;而同时美国生物化学家鲍林,也对建构DNA分子模型提出了一些化学上的思考。但研究总体上依然是独立分散的,主要是学科间的协同聚焦不够,缺少积极的勾连者和悉心的集成者。年轻的沃森是噬菌体遗传方面的专家,他敢想敢干,富有活力;而老成的克里克则擅长于物理学并有深厚的数学功底;威尔金斯团队的富兰克林则擅长于X射线衍射技术,她成功地拍摄了DNA晶体的X射线衍射照片(X射线是波长非常短的电磁波,当它穿过晶体之后,会形成一种特定的明暗交替的衍射图形,仔细分析这种图形,人们就能知道组成晶体的原子是如何排列的)。沃森和克里克,充分吸取了富兰克林在X射线衍射DNA晶体方面的研究成果,同时又借鉴了鲍林的化学结构模型理论,经过一番激烈的学科碰撞和思想交锋,他们终于领悟了DNA结构的全部奥妙,原来是两条以磷酸-脱氧核糖核酸为骨架的链相互缠绕形成了双螺旋结构,并以氢键连接的方式实现碱基互相补配。从而圆满解释了DNA的遗传本质,实现了分子生物学上里程碑式的突破。

事实上,由于传统学科间长期存在的无形"疆界",加之保障和鼓励交叉研究的制度缺失和习惯性偏见等,都是制约交叉学科研究高质量开展的障碍。我们在这方面存在的问题也很突出。

一是缺乏组织载体。长期以来,我国科研活动主要分散于各学科内部开展,研究单位通常是基于单一学科建制而设立的。所以,单一学科研究主导着高校和专业性研究院所科研活动。随着研究规模的扩大,院所内部又会逐步增设诸如研究中心、实验室、基地等科研组织,这些科研组织的研究领域更加聚焦,多专注于单一学科下的某一研究方向。这种单一学科的科研组织建制遵循的是知识分化逻辑,在学科知识内部不断"裂变",导致学科共同体的研究越来越窄化。显然,传统学科组织无法有效地开展交叉学科研究,必须根据交叉学科的研究需要进行有效的改造或重组,通过刚性的或柔性的、政策的或组织的、引导的或激励的办法与措施,创造有利于学科交叉研究的组织模式和运行载体。

二是适配交叉学科研究的制度缺位。当前,支撑交叉学科研究的内外部制度还处于缺位状态。由于交叉学科研究不同于传统的单一学科研究模式,而是一种新型的知识生产模式,具有多主体、跨学科、集群性等鲜明特征。既有组织管理和评价制度难以为继的问题,也有资源调配(项目争取、经费保证)、人员协同(交流、共享、形成合力)、利益保障(成果评定、职称晋升)等方面的问题,只有通过深化改革,建立有效的体制机制,才能确保交叉学科研究顺利进行。

三是鼓励交叉学科研究的文化氛围尚未形成。"文人相轻、自古而然"是过去中国知识界一大积弊,各人自扫门前雪,甚至"老死不相往来"的传习,依然根深蒂固。学科文化的差异化,又使得使各学术共同体更关注共同体内部的群体"繁衍",各自固守自身的学科领地,学科间互动的动力不足、机制不畅;各自为营的学科组织文化不利于跨学科界限的研究活动,制约着学科力量的充分整合,也阻碍了交叉学科研究的顺畅开展。要通过宣传教育,通过对未来学科发展大势的认识，通过示范引导和政策倾斜，激励和保障交叉学科的高质量发展。只有夯实促进交叉学科研究的组织、制度和文化根基，才能创造出交叉学科研究的繁荣局面，以加快大科学建设，不断向科学的深度和广度进军。

第四节　努力提高全民科学意识和科学素质

中国古代经典《庄子》里有一篇"抱瓮老人"的故事，说是子贡看到一位老人正在给菜园里的蔬菜浇水，他不停地用水罐汲水。于是子贡就走了过去对老人说："老人家，现在有一种机械名字叫作槔，既省力又快捷，你为什么不用呢？"老人说："我并非不知道有这种工具，而是一旦用了这种取巧的机械，就一定有投机取巧的事情。有了投机取巧的事情，就有了投机取巧的思想。有了投机取巧的思想，就会丧失优良的美德。丧失了优良的美德，就会同自然社会不合拍，成为与天地不能相容的人。"很明显，老人把取巧的机械，演变成投机取巧的思想，偷换了概念。

然而这种愚昧思想却有着很强的社会根基，持类似观念人并没有随着时代的发展而绝迹。以至于我们的一些人对科学技术总是怀有这样和那样的偏见。这里不妨也举一个近代例子：西方发明的化学肥料在1910年前后传入我国，实验证明对作物有显著的增产效果，但反对之声一直不绝于耳，举国震动。首先是基于其"洋货"属性，被视为是西方对中国进行经济侵略和财富掠夺的一种手段。认为一旦大量化肥进入中国，必然成为经济上一种隐患，会造成我国金钱的大量流出，其害大焉。再者说，一旦国人习惯了使用化学肥料却又不能自主生产时，则可能使我国的农业利权要尽操于帝国主义之手,中国农业必危咦! 由此便得出结论:化学肥料断不可使用。当然一些稍懂科学常识的人,也承认化学肥料对农业生产有一定的补益,但同时又固执地认为,施用化学肥料不仅破坏了既有土壤,还会败坏农产品品质,使稻草荣而不坚,蔬菜果实味苦易烂,甘蔗汁少色墨。甚至还出现了化学肥料能致死人命的传言。鉴于这些政治、经济、生态的因素交织在一起,使得化学肥料在当时一度被视为鸦片般的毒害物质,万众喊打。后经学术界严谨科学的实验和各地应用效果的统计分析,证明使用化肥可使稻米增产30.9%,小麦增产22.7%,棉花增产26.3%,油菜增产47.6%,同时可以改良贫瘠土壤,维持土壤肥力;尤其是化肥和有机肥结合使用,能各取其长,互补增益。于是乎,化学农业蓬勃兴起,极大地推进了中国农业现代化的进程。虽然实践和时间逐渐消除了人们认识的一些偏见,但根深蒂固的世俗观念并没有因此而完全消失。

在我国历史上,科学屡屡败给迷信和骗术。盛极一时的"气功治百病""尿疗胜药疗"都曾迷惑过不少人,这不能不引起我们的反思,这在一定程度上反映出我们全民科学意识不强,科普工作的薄弱。尤其是对于我们这个农业传统悠久、封建历史较长的国度里,更需要科学土壤的培育和科学精神的弘扬,把宣传科学精神、增强科技意识、普及科学知识当作一项重要任务去抓。宣传公众,不仅需要有说服力的实验数据,需要权威科学家的理性发声,更需要政府权威媒体的宣传引导和持之以恒的科普教育,帮助人们克服认知偏见、摒弃从众心理和吃瓜心态,养成科学思考、理性分析、尊重事实和开放包容的良好心态。

第五节 恪守学术道德 改进学风作风

所谓学术道德即是进行学术研究和学术交流时,科技人员应该遵守的准则和规范,具体体现在其学风与作风上。学风既是学者个人学术品行和学术风格的表现,也是整个学术界的学术风气的反映,是一个严肃的学术道德的问题。作风是指个人或团体的思想、工作、生活的一贯态度和行为风格。学风是作风的体现,作风是学风的底色。科学家乃至科学界的学风与作风清不清正、过不过硬,直接关系到科学精神的贯彻和科技事业的兴衰。科学是人类探索自然同时又变革自身的伟大事业,需要"追求真理、实事求是、锐意创新"的科学精神,需要诚信高尚的学术道德,需要严谨求实的学风和作风。

广大科技工作者要做学术道德的楷模,坚守学术准则,践行学术规范,让科学精神内化于心、外化于行,涵养风清气正的科研环境,培育严谨、求是、诚信的科学文化。我国老一代科学家在这方面为我们树立了楷模。1956年,空气动力学家郭永怀冲破阻挠回国。为避免美方以携带重要资料为由加以阻挠,他主动烧毁了多年积攒下的科研文章和教学讲义手稿,表现了一个正直科学家光明磊落的学术气节。20世纪50年代初期,一个外国权威科学家宣称自己发现十多个新粒子,名噪一时,我国核物理学家王淦昌更顶住压力,不跟风、不附和,靠着自己的专业敏锐,明确表示这一发现靠不住,后来事实也证明他的坚持是对的。钱学森对待科学论文的署名权极为谨慎,不是自己亲历亲为的科研工作坚持不署名,对于指导学生和助手发表的科研工作,要求也十分严格,尽量不署名,不贪功,不用自己的学术名气为弟子开绿灯。这些高尚的学术道德是科学家极其宝贵的品格。学术诚信是学术道德最根本的要求。可是在我们的科学家队伍中,总有人有意无意把集体荣誉化为个人荣誉,夸大个人贡献的极端重要性;总有人将他人的创意、思想随意拿来使用;为建立自己的"小圈子"积累人脉,不切合实际的相互吹捧;为了获取资助方的支持,将学术指标、应用范围一再夸大。甚至为了获得更多的科技荣誉,将不相干的成果打包在一起、将不相干的团队拼凑在一起以彰显实力。为求快发、多发研究论文,不惜东拼西凑实验结果,随意剪裁实验数据,不严肃、不慎重、不检点的情况时有发生,以至于学术期刊的撤稿现象屡见不鲜,这些都反映出我们当前的学术生态存在着突出问题。

在科研活动中,学风作风的好坏,首先要看科研人员是否真正具备了科学精神的特质,是否对科学存有敬畏之心,是追求真理还是爱慕虚荣?是热爱科学还是热爱科学家身上的光环?敢不敢同弄虚作假的伪科学做斗争?能不能当好"栽树人"和"挖井者"?须知,从功利主义出发的科学研究是走不远也走不长的,在科学研究中的急功近利和急于求成都是与科学精神格格不入的。只有对科学的热爱、崇敬、专注、痴迷和认真才能在追求科学真理的道路上行稳致远。要树立"成功不必在我"的"深耕"精神,摒弃"圈子"文化和狭隘的利己主义,自觉抵制把学术研究官僚化和科研工作庸俗化的倾向,敢于同违反科学精神的现象和行为做最坚决的斗争。

良好学风和作风培养,还要看科研机构内部的学术氛围浓不浓、"传帮带"做得好不好、学术监督严不严、学术民主发扬得充分不充分等。一个单位、一个学术团体要做好这些,不光靠学风教育和传承,更要靠制度建设,要健全"学术公平、学术民主和学术监督"的体制机制,既要抓好大的诚信问题,也不能忽视细节,防微杜渐须从"小事"做起。比如,看一看科研过程记录的保存是否完整,科研原始记录和存放符合不符合学术规范或惯例,有没有建立常态化的见证机制,科研数据存放是否规范,纸质或电子的科研记录是否有相应的管理制度,这些不起眼的内容往往是学风建设的"压舱石"。当然决策者和管理者,也要改进作风,做好服务,大兴调查研究之风。要对所在领域国际、国内、行业的进展有清晰明确的把握,在确立科研项目、布局科研方向、决定人才资助、授予学术荣誉时,坚持做到公平公正和透明。最后,还要充分发挥"科学共同体"和"专业学术团体"的作用,开展学术争鸣,做好行业自律,以维护科学的严肃性和科学家队伍的纯洁性,以实现去伪存真、驱邪扶正和繁荣学术之宗旨。

学术不端和学风不正的原因是多方面的,既有科技工作者自身学术道德修养的原因,也有体制机制上的疏漏和急功近利的社会生态等原因。有些积习已久,具有很强的传染性和破坏力,因此需要标本兼治、防治结合,既涉及个人、单位和"科学共同体",也涉及管理部门和决策机构,需要做出系统、全面的部署和协同一致的努力,树立高线、划清红线、坚守底线,强化对学术不端行为的教育和惩戒力度,不断完善公平、透明和具有可操作性调查处理程序和规则,用硬杠杠推动软变化,形成治理学术不端的长效机制。要认真学习和贯彻"两个意见"精神,坚持从我做起,从小处做起,狠抓落实,持续推进,努力促进科技界学风和作风的根本好转。

第六节　改革科技管理的体制与机制

　　科技体制机制改革的根本目的是要科学地确定我国科技发展战略和长远规划,有效布局科技资源和创新要素,充分调动科技工作者的创新创造的积极性,实现高质量科技自立自强,加快建设现代化科技强国。有鉴于我国科技管理工作中的重点和难点问题,我们的改革需要在以下方面发力。

　　一是要按照科学发展的规律、技术的演进规律、人才成长的规律,去制定科技发展政策、规划和制度体系,用科学的方法管理科技创新。增强管理者的科学文化素养,提高现代化科技管理能力。要加快高水平科技智库、权威决策咨询体系的建设,加快推进重大科技决策的制度化、系统化和科学化,力戒形式主义和官僚主义的弊端。要改革和完善基础研究、战略高技术研究、社会公益类研究的支持方式和管理方式,建立符合科技创新规律的资源配置制度,解决简单套用行政预算和财务管理方法管理科技资源等问题。科技管理工作不同于行政管理,科技创新活动具有很大的灵活性和不确定性。高校和科研院所作为创新活动的主要载体,其产出形式、业务活动特性、所需要的管理手段和保障条件等都不同于一般的行政事业单位。要充分适应科技创新活动的特点和要求,切实扩大和保障科研单位的管理自主权和科技创新团队的灵活决断权,减少对高校和科研单位创新要素配置的微观管理和直接干预。力求按照科研机构的特点和定位,建立特有的管理制度和发展风格,甚至实行"一所一策",允许多样性管理和特色化发展。积极探索"一揽子授权+宏观引导+抽查监管"的管理制度,将人员聘用、职称评审、评价激励、经费使用等涉及微观创新要素配置的权利,全权下放给科研机构。同时,加强对机构的章程管理、绩效评价、科研诚信等方面的监督工作,引导和规范科研单位的业务行为,鼓励他们通过主动的自我管理、专家的民主管理,形成学术争鸣和独立研究之风,打造富有学术特色和独特风格的高效科技创平台。

二是要树立以人为本的科技发展理念,充分尊重科学家、信任科学家、努力为他们做好各项贴心的服务工作。要让科研经费为人的创造性活动服务,而不能让人的创造性活动为经费服务。要把经费使用的支配权,尽可能地交给科技人员,只要是用到该用的地方,能保证科研工作有效运行,都不应该过分干涉和限制。要在更大范围推动"经费包干制"和经费使用负面清单制试点,进一步下放科研经费预算和使用的自主权,只要不在红线范围内的,都可以交由机构和科研人员自主决定。仪器设备的采购要有利于保证科研质量、有利于使用管理和发挥效用,要充分倾听科技人员的意见,不能简单地用"低价中标"这样的僵化条件去加以强制约束。要简化立项评审、中期考核、结题验收以及项目绩效评价、财务报账等科研管理流程,切实减轻科学技术人员项目申报、材料报送、经费报销等方面的负担,减轻科研人员事务性劳动,保障科技人才的科研工作时间。总之,要尽可能减除烦苛,减负放权,真正为科研人员松绑,把科研人员从烦琐的事务性劳动中解脱出来。要完善科技创新的综合绩效评价体系,在评价体系中强化创新指标,并将科研诚信、成果价值作为科研单位和科研人员绩效评价的重点。对科技人才的绩效评价要客观、全面、公正,破除"四唯",建立以科技创新质量、贡献、绩效为导向的分类评价体系,正确评价科技创新成果的科学价值、技术价值、经济价值、社会价值、文化价值。让科技人员安安心心地搞研究,实实在在的搞创新,培育基础性、原创性大成果,实现关键核心技术的大突破。

三是深化科研项目的改革。努力克服过去"天女散花""九龙治水"式的多头项目管理,突出解决科技计划管理条块分割、科研项目重复申报、资源配置碎片化等突出问题,借鉴发达国家的有效做法,建立与包容性创新相匹配的项目经费保障制度,努力提高创新绩效。美国国防部高级研究计划局(Defense Advanced Research Projects Agency, DARPA)推行的扁平化与人性化的管理体制就是比较成功的一例,他们把专业化项目经理人作为DARPA的管理的核心。DARPA对项目经理人招聘标准极高,应聘人员须在军队、企业、学术机构拥有5年以上相关工作经验,对相关技术有足够灵敏的科学嗅觉;同时,拥有丰富的项目管理经验和运行经验,能够充分挖掘潜在的优秀科研人才。项目经理人不仅需要了解目前与未来所面临的问题挑战,还需要熟悉有助于应对挑战的高新技术,并确保高新技术通过迭代创新保持项目技术的先进性。日本先进技术探索性研究(Exploratory Research for Advanced Technology, ERATO)也非常重视项目负责人的领导力和独创性,实行以"人"为中心的项目主管导向型研究模式。日本科学技术振兴机构负责选择精通创新和科学研究方法的关键人物作为项目主管,在项目主管确定之后,剩下的就是对其进行全面的授权。项目主管负责设计项目主题和关键技术路线,选聘年轻有才能的国际科技工作者共同工作,引导项目发展的方向。项目主管对研究范围、资源配置、项目管理有几乎绝对的自由决定权。项目主管在项目执行期间,仅须在年度会议上提交技术进步报告,并在项目终结时递交终结报告。

在经费拨付的管理上,主要采用分阶段、多元化的经费拨付动态约束机制。一方面是动态聚焦研究目标,实现经费拨付与项目方案优化同步。美国DARPA项目经费是分阶段进行的,研究组内部每周有讨论会、子系统每月举行碰头汇报会、每季度还有联席会议,在每季度的联席会议上,项目经理人会听取各个研究组的汇报,根据每个研究组汇报的情况,可以当场砍掉或新增子项目,也可以当场修改各个项目组的预算。通过定期的内部讨论、汇报和交流,可以进行一些调整和完善,从而保证项目有条不紊地协同推进。项目经理可以随时吸纳更新的技术方案,只要新方案优于现有方案,且更有利于项目目标的实现即可以被采纳。另一方面,通过制定可行的信息披露机制,实现分阶段研发结果与经费兑现比例同步,营造出全方位立体透明的环境,为项目的竞争模式提供了保障。

在构建与包容性创新相匹配的科研经费使用机制方面,德国莱布尼茨奖就处理的比较灵活。该奖主要是资助获奖者进行新的独立的科学研究,将对资助对象的信任与经费使用权限直接挂钩。为减轻获奖者的经费管理负担,将奖金以"信任预支"的方式支付,由德国科学基金会代为管理。获奖者在经费的使用上有绝对的自由,可以按照自己的意愿和兴趣开展研究,拓展新的研究领域或开展一些高风险的研究,科研计划完全由自己设计和制订,并可以随时随地的动用经费,无须经过长时间申请,而且使用范围也是开放的,可以用于雇佣优秀人员、改善科研条件等,这使得获奖者能把所有的精力和时间用于自己心仪的研究工作。

我国也在不断地探索符合国情的项目管理模式。近年来,随着"放管服"改革不断深化,我国在科研项目的设立评审、经费使用、诚信监督等方面都进行了积极探索和实践,特别是在构建以专业机构和职业经理人为支点的项目组织体系、建立绩效导向下的全程动态经费拨付机制、探索包容性创新与有效约束之间适度平衡的路径等方面,都取得很大的进展。最近又围绕"揭榜挂帅""赛马制""点将配兵"等新型科研项目组织管理模式开展实验,探索符合科研规律的经费监管制度环境。"揭榜挂帅"模式是一种由政府组织和设立的面向全社会的科技奖励安排。该模式适用于目标明确、任务清晰、结果可测的具体科技攻关任务,特别是中小规模的应用型科技攻关项目,有助于扩大科研参与群体,强化成果竞争,激发社会创新热情。科技创新的"赛马"模式是指在科技研发过程中,先进行多个单位的平行立项,而后逐步重点聚焦、优中选优的一种项目组织管理模式。"赛马"模式充分发挥了竞争机制在项目研发中的重要作用,调动了研究主体的积极性,保证了招标和委托单位的决策权,但该模式前期的巨大资源投入和中期存在的项目能否持续进行的潜在风险,往往会使一些科研团队望而却步。"点将配兵"模式是在项目、资源都明确的条件下,由知人善任的科技领导者在众多科技人才中,选择科技"将才"来发挥领军作用,并为"将才"配备或由其自主遴选一定数量的科技队伍和科技资源开展重大任务攻关。"点将配兵"模式的主要优势在于打破既有的人才和资源的条块约束,在对科学家一贯的创新表现进行综合性评价的基础上,以最精准、最快速的选拔机制确定科技领军人才,减少无序竞争带来的人才消耗和资源浪费,有利于发挥举国体制的优越性。"两弹一星"工程实施中,正是实行这种体制,才使得我国在困难条件下仍实现了举世瞩目的科技成就。国家自然基金采取的是"自由申报,专家评审"制度,既照顾到科技人员的兴趣爱好和学术自由,又在宏观上进行引导和技术可行性把关,比较契合我国的基础研究实际。

面对科技竞争日趋激烈的国际环境和学科交叉融合不断加深的新形势，我们要加快探索更加有效的项目设置和组织管理形式，既遵从科技创新的规律性，又能发挥社会主义举国体制优越性，最大限度地调动广大科技人员的积极性和创造性，强化基础研究、鼓励源头创新，选关键难题而攻之、聚天下英才而用之，就一定能够实现我国科技的自立自强和高质量发展。

深化科技管理体制改革是一个系统性、长期性的工作，关乎实施创新驱动发展和建设科技强国的大计，需要深入谋划、系统设计、协同推进，逐步化解科技发展中方方面面的体制机制束缚。要积极回应科研单位、科研人员的关切，及时反馈有关意见建议，定期对改革措施的实施情况、成效和问题进行综合评估，不断改进，不断提升，构建具有中国特色的科技管理的体制机制。

第七节　加快科技创新成果的转化和应用

"科技成果转化"是我国广泛使用的概念，其内涵是指科技创新成果转化成为生产力的过程。与之相关或相近的术语还有技术转移、研究的商业性转化、科企产业化合作等。这一过程需要科研单位、高校、企业、政府、中介机构、金融机构等多方的共同参与，是一个复杂的系统工程，具有高风险、高投入的特点，有很大的不确定性。与发达国家相比，我国科技成果转化率比较低，一直徘徊在30%上下，远低于发达国家的70%左右的水平。分析阻碍科技成果转化的主要原因，大体上有以下几种情况。

一是科技成果自身不够成熟，含金量不高。由于项目设置和企业需求的脱节，创新链与产业链不够匹配和协调。特别是政府设立和管理的项目,企业的参与度往往偏低,科学家和企业家由于着眼点不同,加之沟通交流不充分,项目的研究成果,虽然名声较大、评价甚高,但往往转化应用效果不太好,要么阳春白雪、脱离实际、水土不服,不被市场接受,最后束之高阁;要么和生产不对路、不配套、不衔接,标准不完善,不能形成良好的应用生态,无法落地生根。加之科研工作经常受到了急功近利的虚浮之风裹挟以及项目接续中的环节缺失,致使我们的一些科研成果成熟度不够、含金量不高,生不了根、结不了籽,致使转化效率低下。

二是信息不对称。信息不对称和知识产权保护环境的不完善,导致一些科技成果无法通过技术许可或转让的方式转化。特别是对社会上独立技术发明人而言,许多时候他们不得不自己去创业转化,需要去面对资金、伙伴、市场和资源等非专业技术问题。由于信息的不对称,加之缺乏相关经验,技术发明人常缺乏渠道找到合适投资人,而投资人也常常无法接触到这些科技项目。信息不对称就导致了技术方、投资方和需求方的脱节,使创新链、产业链、资金链不能很好对接。

三是缺乏早期的孵化和风险投资。对于需要后成熟、后发酵的成果,往往需要进行一些早期孵化的接力。公共孵化平台的缺乏和风险投资的缺位,很可能就会使这类成果夭折。由于早期项目风险相对较大、不确定因素较多,一些早期项目成长周期或者说所许可的资本退出周期,往往会超出平常的投资基金年限,所以早期风险投资的缺乏是制约这类项目转化的突出问题。麻省理工学院在20世纪初创建的风险投资公司就是为促进科技项目转化而设计的,后来被许多国家纷纷仿效。我国"科创板"的开通、资本退出渠道条件的改善等,对那些需要早期孵化的科技成果都将起到有益的促进作用。

四是中介平台模式的局限性。将知识成果转化为商业价值的过程是复杂的，其中许多事情是不确定的。技术发明人虽然擅长技术，但常常缺乏市场知识和商务经验，导致其难以找到合适伙伴和投资人。甚至有时会出现了一个悖论，即技术发明人之所以能不断克服困难取得重大技术突破，是因为其坚韧的性格，但这种性格特征在产业化过程中有时会表现为偏执和难以合作，不利于产业化。为了减除这类技术转移障碍，越来越多的中介组织被建立，我国科技成果转化主流平台模式主要有技术转移办公室、产业技术研究院、科技企业孵化器等三种，它们虽然对于推动我国科技成果转化起了积极作用，但也有各自的局限性。

技术转移办公室是麻省理工学院在20世纪初期创立的技术转让机制之一，后来陆续扩散到世界其他地区，代表性的有斯坦福大学的技术转移办公室等。我国的大多数高校和科研院所，为服务自身所属单位成果转化的需要也相继仿效成立。但多数由于建设时间短、专业化程度低、缺乏相关知识背景和敏锐的市场意识等原因，目前还难以满足自身成果转化的需要。

产业技术研究院是广东、江苏等地为应对"科技成果转化困难"而成立的新型研发机构，作为产学研联合创新载体，以民办官助为主，其基本定位是：着力打通科技成果向现实生产力转化的通道，为产业发展持续提供技术支持。目前多数产业技术研究院都是依托高校或科研院所共建的，投资基金也是其标配，运行模式各有特色，有的偏重于服务于当地招商所需，有的偏重于服务所依托的科研机构，但其规模和水平都有待于进一步提高。

科技企业孵化器（包括"众创空间"等不同创业孵化载体）主要是针对当前我国的创业孵化服务能力不足，为满足创新创业活动的巨大服务需求而建立的。目前科技企业孵化器发展面临的问题，主要是服务水平不高，以提供办公空间、物业保障等基础服务为主，缺乏金融供给服务平台、科技信息服务平台等，难以支撑入孵企业的快速成长。

新近出现的"产业创新实验室"是面向比较成熟技术的早期产业化项目的一种组织形式。这类项目通常需要进行商业模式的设计完善及验证等诸多支持，通过产业创新实验室作为纽带，去联系项目源伙伴、商务伙伴、创投伙伴、地方政府伙伴，将所需的要素进行高效汇集以加速产业化进程。应该说，各地都在积极探索加快科技成果转化的政策、办法和措施，克服难点、疏通堵点，让中国的科技成果强起来，让科技产业的发展旺起来。可以预期，经过多方不断的努力，中国的科技成果转化工作将会迎来巨大的进步，科技对经济发展的支持引领作用将会得到进一步的加强。

第七章

科技创新中的伦理问题

　　从哲学伦理学的意义上看,人类所有科技创新活动的根本目的,都在于人类自身的文明和福祉。用亚里士多德的话说,都是为了人类更好地生存和生活。从锤子剪刀到数控机床,从马车牛车到高铁飞机,从飞鸽传书到微博微信,从刀耕火种到配方施肥,无不展示科技创新的成果和奇迹。与人类其他活动不同的是,科技创新与进步不仅在改善着人类生产和生活,同时也在不断丰富和完善人类自身发展和认知能力,使人类的智力和能力获得持续增长。

　　因此,可以通俗地说,一切科学技术首先是"为人的",同时也是"人为的",既是人类文明和智慧的成长力,也是生产力发展的重要推动力。科技的这种目的性指向,虽然内在地规定了科学技术本身的价值追求,但既然科学技术也是"人为的",就不可避免地受到人类认识的局限性和时代局限性的影响,这种影响在科学与技术的发展上又会有不同的体现。就纯科学本身来说,自从它和人文分野以后,就变成了一种专门化的文化形式或知识形态。科学是一种纯粹的、抽象的、又可以被实践所证实的自然规律和自然真理,它的知识是系统的、实证的、普适的和开放的。因此,科学的本质与人类伦理的追求应该是一脉相承的,换言之,人们对科学的追求完全符合人类的伦理精神和道德要求。而对技术的追求和应用往往具有多方向性、多目标性,会受到研究者和使用者道德和伦理的影响而产生一些不可控情况,可以被善良的人利用造福人类,也可以被丑恶的人利用去危害人类。故人们常把技术比作"双刃剑",用得好了,可以成为改造世界的锐利武器;用得不好,也会伤及自己和无辜。

　　当然,人类认识能力的提高是一个渐进的过程,对科学真理的认识、对自然规律的理解、对内在本质的把握都不可能一蹴而就、一帆风顺和一目了然。在一个阶段内或一定程度上的局限性、片面性和盲目性总是不可避免的。由于我们的认识局限、时代局限或某些方面的无知，出现认识上的偏差或好心办坏事的情况也总是不可避免的。特别是现代技术与科学走向一体化融合、产业化发展、普及化应用的新阶段，在资本的渗透力和作用力无处不在、全球科技竞争日趋激烈的今天，就更不能排除一些科技狂人不顾伦理纲常的冒险之举，甚至有可能为追求利益，将有边界的科技成果进行无节制的滥用。这就产生了一定的风险，为最大限度地规避风险，就要把科技活动置于一定的伦理规范的基础上。因此，作为一名成熟、称职的科技工作者和工程技术人员，首先要树立良好的职业道德和伦理精神。如果说科学技术是现代社会发展的"第一生产力"或"第一驱动力"，那么科技伦理规范就是这个第一驱动力的导航器，是使人类科技活动能够始终沿着正确价值导向行稳致远的方向盘。

著名的伦理学家汉斯·约纳斯在《为什么技术是伦理学的课题：五个理由》一文中，指出了现代技术之所以需要纳入伦理学研究的五个理由，即技术之实际后果的矛盾性、技术应用的强制运行、技术实践在全球范围展开的时空影响、现代技术对人类中心论的突破、技术所产生的形而上学问题的"堆积"等。约纳斯这"五个理由"的本质是：现代技术所产生的实际社会效应具有正负两面性且相互冲突；现代技术运用因资本、市场和超高利润等因素的强力驱动而带来的近乎强制性的实施以及这种实施所可能或实际带来的消极影响正在加大；加之现代技术应用的全球化及其带来的合理监控困难或客观风险以及人类对现代尖端技术及其成果（如智能机器人、大数据等）可能超出人类自身可控能力等；这些现代科技的快速应用与扩展形成了许多不可预期的风险或不确定性加大的问题已超出技术本身的范畴。

特别是现代科技应用与资本、市场、国家政治和国际政治的复杂勾连,许多新科技及其成果的实际应用有可能甚至实际上已然带来许多新风险、新问题。比如,"基因编辑"和"克隆技术"的人类自我应用,显然会改变作为"自然人"与"社会人"的人类自身的本性或本质,形成非自然的"人工人",由此带来的直接风险和挑战是:人类自身及其社会生活所赖以进行的法律、道德、伦理甚或生命身份陷入困境。还有,大数据和网络信息化技术的运用如何有效解决诸如"私人信息泄露"或"个人隐私权""数据集权控制"等疑难问题? 这些问题的共同特点是,它们可能或者实际已经造成了人类自身及其社会生活的某些不可预期且难以控制的风险。

另一方面,科技应用还存在因其被资本市场化而带来新的社会道德伦理问题,譬如,强化社会不公正效应、人为的设置技术"隔离"和"技术封锁"等,更不用说核武器、太空武器、生物武器等一类的军事化科技所隐含的更为严重的道德伦理问题了。另外,随着现代科技的高速发展和专业分衍,多学科多技术之间的交叉与互联必将比任何时候都更显紧迫和必要,这既是获取知识技术创新的新机遇,也是科技伦理不得不面对的新挑战。总之,现代科技的爆发式增长和日益强大的社会功能,以及某些超级先进技术无所不用其极的实施运用,都给现代人类社会提出了空前紧迫而严峻的挑战,所有这些问题都急需进行道德的约束和伦理的规范。

随着第四次技术革命的深化发展,我们生活已经进入"与各种智能设备交互作用"的新阶段。然而,当这些高新科技越来越成为我们日常生活中必不可少的一个组成部分时,我们的生活乃至文化就开始从依赖于自然物的这一端发展到依赖于智能人工物的另一端，从而形成了人为制造的文化氛围和人工世界，这有可能对人类正常的思想和行为形成误导和不可控的影响。特别是随着基因编辑、脑机接口、神经工程以及人工智能等技术的不断发展和应用，将人类利用自然和改造自然的能力，从过去只是改造外部自然（自然界）拓展到今天能够改造人的内部自然（身体与思想）时，就不可避免地带来了关于人的身体技术化和精神技术化的问题。如果人在出生前接受基因编辑，在出生后进行身体上的审美整形等又会加速身体技术化倾向；而通过高技术情绪类药物或技术本身获得精神慰藉，也会加快精神技术化的步伐，这一切都有可能潜移默化地使我们失去自我和独立思考的能力。这些人类遇到的前所未有的新问题，也给伦理学带来了巨大的挑战，妥善解决这些问题是人类社会不可推卸的责任。如何建构某种普遍有效的科技伦理底线以规范我们的研发活动，使一切科学技术的实践都不能超出人类基本的道德原则，一切的研发都不能违背以人为本的初衷，是我们必须面对和着力解决的问题。

进入21世纪，科技伦理问题成为世界关注的焦点，并受到前所未有的重视，最根本的原因是它越来越影响到社会对突破性科技创新的信任和支持。大量前沿科技和突破性创新的发展经验表明，如果不充分重视科技的社会伦理风险防范，科技创新很可能会因为某些科技伦理事件成为新闻焦点，引发公众对潜在风险的焦虑。因此，我们应该对科技活动的后果与风险有更深入的认识和评估，通过开展科技伦理治理为科技创新提供必要的保护空间。

针对技术社会影响的评估，未来学家阿马拉曾提出著名的阿马拉定律，即人们总是高估一项技术所带来的短期效果，却又低估它的长期影响。这一定律的启示在于,对于突破性创新的弊端,应该注意到外界的评判和社会舆论容易出现的偏颇,既要防止对未知风险的过度焦虑而将它们放大为对该技术的极度不信任,也要防止对其负面影响认识不足而可能带来的疏忽。

因此,对于科技的社会伦理风险的评估、预见和防范,就成了科技伦理治理的关键。科技政策学家科林格里奇曾经提出过著名的"科林格里奇两难",指出了人们在预见和防范技术长远发展时所面临的一个"双重约束困境"。其一是信息困境,即人们很难在技术生命周期的早期对一项技术的社会后果进行预见;其二是控制困境,即当人们不希望的出现的后果被发现时,技术却往往已经成为整个经济和社会结构的一部分,以至于难以对其加以调控和治理。尽管对科技创新带来的复杂未知社会伦理风险进行预见和认知是一件十分困难的事,却又不得不为之。而正因为如此,对这一问题的根本化解之道是将其作为科技创新的内在环节,尽早在科技活动的全过程引入伦理治理框架,以提升相关责任主体的社会伦理风险意识,促使他们在具体的创新实践中思考行为的对错,做出合乎正确价值观和伦理规范的抉择。

2022年3月,中共中央办公厅、国务院办公厅印发了《关于加强科技伦理治理的意见》,引发社会的广泛关注。意见中提出了"生命至上和人民至上"的总体要求和"增进人类福祉、尊重生命权利、坚持公平公正、合理控制风险、保持公开透明"的五项原则。系统论述了全面提升科技伦理治理能力和完善科技伦理治理体系的具体措施,绘制了为健全科技伦理治理体系提供制度保障的路线图,为我国系统防控科技研发与推广应用过程中的潜在风险,引领高质量发展和加快数字化转型提供了价值导向。特别强调了科技伦理治理要坚持促进创新与防范风险相统一、制度规范与自我约束相结合的治理思路。一方面,强调通过完善政府科技伦理管理体制和压实创新主体科技伦理管理主体责任等构建科技伦理治理体制,健全科技伦理治理制度,进而强化科技伦理审查和监管。另一方面,要通过伦理先行、敏捷治理等基本要求,发挥科技类社会团体的伦理自律功能,引导科技人员自觉遵守科技伦理要求等制度设计,为科技创新构建起必要的伦理软着陆机制。从而确保我国高质量科技自立自强之路,始终沿着伦理创新和科技向善的正确方向。

第八章

为建设科技创新强国而奋斗

第一节　全民族科技创新意识的空前觉醒

　　勤劳智慧的中国人民，早在2 000多年前就播下了科学的种子，经过后代的不断耕耘，结出了不少奇异之果，留下了宝贵的知识财富。无论是屈原对茫茫星空的大胆设问，还是墨子对自然界物理现象的深入思考；无论是张衡制造的浑天仪和地动仪，还是王充对潮汐成因的揭示；无论是刘徽、祖冲之精确计算的圆周率，还是沈括对山水地理成因的深刻认识；更有那震惊世界的"四大发明"，无不闪耀着伟大的科技之光。由于种种的历史原因，我国虽未能建立起系统完整的科学体系，但古代科技的辉煌成就，足以让每一个中国人为之自豪。

　　遗憾的是到了近代（自明朝中期以后），由于封建统治不断走向腐朽没落，对外闭关锁国，对内残酷剥削和实行愚民统治，中国进入了灾难深重、积贫积弱的时代，科技发展整体上慢了下来。与此同时，西方的科技和经济一路高歌猛进、迅速崛起。我们终被"洋人"的坚船利炮所击败，一次次惨遭欺凌，一次次丧权辱国。三座大山压迫下的中国人民进行了一次次英勇抗争，中国知识分子和进步人士开始进行了痛苦的思考，认识到必须学习西方先进的科学技术和工业生产方式，开展了轰轰烈烈的"洋务运动"，提出了"中体西用"的口号，开始陆续派遣留学生到外国学习科技，大量翻译西方的科技著作，建立自己的大学和科技研究机构。1905年封建科举制度被全面废止，1919年"五四"新文化运动的爆发，使国人进一步觉醒，举起了"民主"和"科学"的两大旗帜，试图发愤图强。但限于当时的动荡条件，科学技术不可能得到真正的发展。

直到中华人民共和国成立,中国人民推翻了压在自己头上的三座大山,实现了民族独立和自由解放,才真正为科技的发展创造了必要条件。新中国成立初期就吹响了向科学进军的号角,制定了新中国第一个科学技术发展长远规划(1956—1967年),建立科技教育体系和科学研究体系,组织动员广大知识分子和科技人员为新中国的科技发展做贡献。钱学森、华罗庚等一大批华人科学家冲破重重阻碍、不远万里回到祖国的怀抱,为新中国的科技发展艰苦创业、埋头苦干。全国人民节衣缩食,发展"两弹一星",保障国家安全;齐心协力开发大庆油田,甩掉贫油国的帽子;依靠联合攻关人工合成胰岛素、创制杂交稻、发现青蒿素,向科学的深度和广度进军,取得了很大的成就。一路走来,虽然也遇到了不少曲折和坎坷,但培养了一批优秀的科技人才,锻炼了一批特别能战斗的科技队伍,建立了比较完整的学科教育和科学研究体系,为我国科技腾飞奠定了坚实的发展基础。

1978年以后,我国发展重心开始了转移,集中全力搞"四化建设",以科技现代化带动工业、农业和国防的现代化,全面实行了"改革开放"的政策,恢复高考制度,大批派遣留学生,努力营造尊重知识、尊重人才的社会氛围。阻碍科技创新发展的坚冰被打破,我们迎来了科学的春天,迅速融入了世界现代科技发展的大潮中。

1988年邓小平同志根据国际经济和科技发展的新趋势、新特点,提出了"科学技术是第一生产力"的英明论断。1995年江泽民同志在全国科学大会上提出大力实施科教兴国战略,我国科技发展进入了奋力追赶的快车道。2006年胡锦涛同志在新世纪第一次全国科技大会上提出"自主创新、建设创新型国家"的伟大历史任务,使"科技创新"成了中国时代发展的最强音。2016年习近平同志在全国两院院士大会上,提出建设世界科技强国的伟大目标,通过高质量科技自立自强,实现中华民族伟大复兴的中国梦。

新中国成立70多年来,从"科学技术是生产力"到"科学技术是第一生产力",再到"创新是引领发展的第一动力";从"向科学进军"到"科教兴国"再到"创新驱发展";我们对大力发展科学技术的认识越来越全面,对"自主创新""自立自强"的高质量发展科学技术的理解越来越深刻,对优先发展教育和人才是第一资源的理念越来越坚定,统筹科教兴国战略、人才强国战略和创新驱动发展战略,更加坚定了我们建设世界科技强国的决心和信心。

第二节　机遇已经到来　优势正在集聚

当今的世界已经从农业经济时代,跨过工业经济时代,进入信息科技和知识经济时代。从知识生产的角度来看,我国虽然在工业经济时代的原理知识创造方面落后了,但却赶上了信息化时代和知识经济时代,我国具备了加快知识创新并重新回到世界知识生产中心的有利条件。

第一,中国在信息文明的升维竞争中正在形成新优势。如果说华夏文明在一维的农业文明时期是领先的,创造了当时世界上先进的生产力,赢得了竞争优势,那么在二维的工业文明时期则是落后的。中国经过70多年的工业化追赶,特别是近40年的飞速发展,基本赶上了工业革命的脚步,初步完成了整体的工业化,建立了门类齐全而又独立完整的工业体系。高速发展的产业体系需要越来越多的科技和信息支撑,这是知识创新不竭的客观动力,而经济实力的增长也为科技创新提供了坚实的客观条件和物质基础。虽然我国在一些领域仍然处于工业文明体系的第三阵营,创新链不够齐全和完整,甚至存在一些核心技术"卡脖子"的情况。可喜的是,信息文明的全面开启给我们创造了千载难逢的机会。信息技术普及和应用,将会全面改造和提升经济社会的发展能力和发展水平。1994年中国接入一条64 K光纤启动互联网,开始的使用者尚不足百人,而到了2020年中国网民数量高达8.89亿人,农村互联网普及率为55.9%,城市互联网普及率为79.8%,中国数字经济的总体规模达到39.2万亿元,占GDP比重的38.6%,成为带动经济增长的关键动力。表明我国已经在信息文明生产力发展上抢到了先机,并正在建立自己的创新优势。

随着信息革命的纵深发展,新技术、新模式不断突破,信息处理已经进入了人工智能(Artificial Intelligence,AI)阶段,信息传输开启了5G时代,信息采集则被物联网主导。信息革命"三浪合流"导致的经济、社会动能的变化,将是革命性的、颠覆式的。如果说AI开启的是智能领域的模式再造,5G开启的是无障碍信息共享,物联网开启的是万物互联时代,不仅为当下以及未来经济发展提供新动能,也为科技的融合创新和跨越式发展提供了新引领。

从社会经济的角度看,AI的飞速发展,对中国来说正是恰逢其时,给我们提供了发展的新机会。特别是在中国青壮年劳动力出现严重缺口时,AI可以帮助提供大量机器劳动力,有效地消弭"刘易斯拐点"。随着生育率的降低和老龄化趋势的不断加快,中国国内劳动力人口总数不断下滑,人口红利消失,"刘易斯拐点"正在到来。AI的爆发,不仅可以创造出"虚拟劳动力",而且将在未来大幅度节约医疗、养老等社会成本。这样"一增一减",可以扬长避短,实现经济技术的可持续发展。中国在AI领域,已经具备相当强大的竞争力。从2010年我国首次出现AI方面的专利申请以来,到目前在该领域的人才储备、研究成果上已占据全球人工智能科研实力的半壁江山。美国斯坦福大学发布的报告显示,中国的AI相关发明专利已领先全球,2020年中国发表的AI论文引用率占比达到20.7%,超过了美国的19.8%。2016—2020年中国AI市场规模,从154亿元增长到1 280亿元,复合增长率达69.79%。特别是5G技术的加持,使这一优势将表现得更加明显,加速了整个社会的生活生产、行为方式的深刻转变。中国是5G技术及产业的创立国,对其创新链和产业链具有非常有力的掌控能力和非常明显的发展优势,围绕5G技术及产业进行快速、全面、规模化部署,将会加速知识经济的发展和科学技术的进步。特别对中国这样一个二元化经济特征明显、城乡差异较大的后发国家,5G推动的信息革命将是填平知识创新鸿沟的最快捷的手段。高通公司发布的《5G经济》称,5G的整体经济效益将于2035年之前在全球实现。届时它支持的行业能够产出高达12.3万亿美元的产品和服务,同时创造2 200万个工作岗位,这给我们"后来者居上"创造了极佳的机会。物联网从1999年提出至今已有20多年的历史,随着传感技术的快速发展和5G技术的直接涨入,物联网正逐渐进入爆发性成长期,给我们的创新发展带来了新动力。中国正在物联网建设中取得先机,充分享受信息技术革命第三浪的丰硕成果,可以使中国真正走上创新驱动发展的道路。

第二,中国在综合对待经验形态的知识、原理形态的知识、信息技术介入下的融合叠加形态的知识方面,历史地具有某种更加灵活的文化包容,特别是对综合化、整体化、系统化的知识统合,更具有一定的天然优势。这得益于中国人民历来善于总结经验、吸取教训、吸收百家之长、克服自身不足、不断实现平衡发展的民族传统。随着我国对基础研究和原始创新的不断重视和加大投入,对大学科、交叉学科、技性科学的支持和鼓励,特别是创新环境的持续改善,加上中国的知识分子历来有浓厚的家国情怀和强烈的社会责任感以及重道义、敢担当的优秀传统,有通过运用知识创新改变我们落后地位的自立自强的强烈意愿。凭着中国科技人员的聪明智慧、勤奋好学、吃苦耐劳、顽强拼搏的钻研精神和牺牲精神,和攻无不克、战无不胜,压倒一切困难的斗争勇气,中国人民有志气,有能力,一定能够登上世界科学技术的高峰。

第三,中国新型举国体制在攻克科技难关方面的独特优势。实际上,近年来中国在知识生产追赶方面取得的成绩或曰"奇迹",也是中国特色社会主义制度保障的结果。通过统筹教育优先发展战略、人才强国战略和创新驱动发展战略,可以从全国一盘棋的角度,对科学技术发展进行系统的战略规划,推动创新型国家的系统建构,协调国际科技创新中心和区域科技创新中心的布局,体现了中国"步调一致""集中力量办大事"的制度优越性。中国新型举国体制能有效地调配资源、统协各方、聚焦关键,合力破解难题,形成重点突破和可持续发展的强大能力。

第三节　科技基础和内外条件不断向好　　　良好的发展态势正在形成

由于中国一代又一代科技工作者艰苦奋斗和不懈努力,中国科技实力伴随着经济发展同步壮大,实现了从亦步亦趋地跟跑到奋力追赶时代的步伐，我们已经具备了进一步实现科技超越的基础条件。

一、人才基础

我国已经拥有全世界数量最为庞大的科技研发队伍，有一大批杰出的科学家和有门类齐全的卓越的工程师，有完整、系统的科技教育和人才培养体系。改革开放的40多年，我国已累计培养各类研究生1 000多万名，目前每年能够培养出5万多名博士，博士专业学位类别已扩大到36个，其中理工科博士的培养规模已超过美国，成为全球第一，从根本上保证了科技创新人才源源不断的供给。据《中国科技人才发展报告》的显示，"十三五"期间，我国R&D人员的全时当量年均增速超过7%，到2021年研发人员总量为562万人年，稳居世界第1位；每万名就业人员中研发人员数量由2012年的42.6人年提高到2021年的75.3人年。而且本土培养的人才已经能够挑起科技创新的大梁，如"氢弹之父"于敏，"嫦娥之父"欧阳自远，"天眼"首席南仁东等，都能自觉地扛起科技强国的重任，在本领域里做出了卓越贡献。

二、学科和科研平台基础

我们已经建立了门类齐全、体系完善的学科基础，一级学科已经达到117个，拥有各类国家重点实验室500多个，累计建设国家工程研究中心132个，国家工程实验室217个。形成了由中科院、高校、产业部门、地方科研单位和国防部门等五方面组成的科学技术研发体系，实现了上中下游创新链条衔接配套，创新链和产业链交互促进的良性发展,科技创新的国家队、地方队、高校队、企业队等优势互补、竞相成长。企业在科技创新的主体地位正在形成,产学研结合形成的各类科技创新联盟在科技创新中发挥越来越重要的作用。

数学、物理学、化学、天文学、地球科学、生命科学等基础学科得到了快速发展;农业、能源、资源环境、海洋、信息、制造、材料、工程、医学等应用学科取得了巨大进步;量子、认知、纳米、空间等新兴学科发展迅猛,多学科交叉融合和跨学科研究日益活跃。2021年,我国材料科学、化学、计算机科学、工程技术、数学、物理学等14个学科的论文被引用次数进入世界前2,成为高质量科学成果的主要贡献国。重大原创性成果也开始不断涌现。首次观测到三维量子霍尔效应和非常规新型手性费米子;发射国际上首颗量子科学实验卫星"墨子号",率先实现星地间千公里级量子纠缠和密钥分发及隐形传态;量子计算原型机"九章"和"祖冲之号"成功问世;首次实现原子级石墨烯可控折叠,提出纳米限域催化新概念;研制世界首款异构融合类脑计算芯片,首次实现人工合成淀粉,灵长类动物早期胚胎发育机制取得新突破等。在信息、材料、能源、制造等领域,取得高性能碳基互补金属氧化物半导体(Complementary Metal Oxide Semiconductor, CMOS)集成电路、共格纳米析出强化的新一代超高强钢、先进重型燃气轮机制造等重要成果,为传统产业转型升级和战略性新兴产业培育提供科学支撑。围绕农业、健康、环境等领域,在水稻功能基因组筛查、埃博拉及新冠等病毒致病分子机制和传播机制、大气细颗粒物($PM_{2.5}$)污染特征和来源成因等方面取得重大突破,为国家可持续发展和民生改善做出了重要贡献。

2021年我国高被引论文数为42 920篇,排名世界第2位,是

2012年的5.4倍,占世界比重为24.8%,比2012年提升17.5%;每万人口发明专利拥有量从2012年的3.2件,提升至2021年的19.1件;PCT专利申请量从2012年1.9万件增至2021年的6.95万件,连续3年位居世界首位;2021年我国技术合同成交额达到37 294亿元,是2012年的5.8倍,占GDP比重的3.26%。

三、经济和物质装备基础

日新月异的经济社会发展和日趋激烈的综合国力竞争,对科技的需求愈加旺盛、愈加迫切、愈加依赖。全社会对科技的信任度、支持度持续走高,经费和要素的投入显著增强。近10年来,我国科技投入大幅提高,全社会研发经费从1.03万亿元增长到2.79万亿元,居世界第2位;研发投入强度从占GDP的1.91%提升到2.44%,接近经合组织(Organization for Economic Co-operation and Development,OECD)国家的平均水平;基础研究经费占整个研发投入的6%以上,是10年前的3.4倍。且科技投入呈现出以下特点:一是研究与试验发展(R&D)经费投入保持较快增长;二是基础研究经费占R&D经费比重明显提升;三是企业研发投入主体地位不断增强。四是财政科技支出呈不断增长的态势。

与此同时,重大科技基础设施建设取得显著成效。500米口径球面射电望远镜、稳态强磁场、散裂中子源、高海拔宇宙线观测站等一批"国之重器"陆续建成使用;自主设计建造的新一代磁约束核聚变实验装置——中国环流器二号M装置,建成并首次放电;锦屏深地核天体物理加速器成功出束并完成首批实验;"悟空""墨子""慧眼"等科学实验卫星成功发射。科学研究的物质装备水平持续提升。

四、民众的科学素养和对科学的信任度不断提升

中国民众具备科学素养的比例,由2010年的3.27%提高到2020年的10.56%。最近开展的一项国际性的"科学现状指数"调查显示,在受访的17个国家民众中,中国民众对科学的信任度高达97%,对科学家的信任度高达95%,两个比例均高于全球平均水平(90%和86%),处于所有受访国的首位。而且有92%的中国受访者表示,希望获得关于科学家工作的更多信息,高于全球平均比例(83%)。调查还表明,90%的中国受访者相信传统媒体发布的科学事实,70%的受访者相信在社交媒体上发布的科学事实,这两个比例都高于全球平均水平(75%和44%)。而且超过九成的中国民众认为,自己将比以往任何时候都更加依赖科学知识,并对包括人工智能、自动驾驶汽车在内的未来创新感到兴奋。我们很高兴地看到,中国民众预见了科学在中国发展的巨大潜能,并对未来科技的发展充满信心。全国人民的信任和支持是科技事业发展的力量源泉和根基所在。

五、国际化水平进一步提升

开放合作是科技发展的内在要求和必由之路。我们坚定实施开放包容、互惠共享的国际科技合作战略,与161个国家和地区的科技合作关系持续发展。中国工程院与联合国教科文组织共建国际工程科技知识中心和国际工程教育中心,中国科协及所属全国学会共加入372个国际科技组织,国家自然科学基金委与53个国家(地区)的100个科研资助机构或国际组织建立实质性

合作关系。我国科学家继续深度参与国际热核聚变实验堆、平方公里阵列射电望远镜、地球观测组织等国际大科学计划和大科学工程,支持发起全脑介观神经连接图谱、深时数字地球等国际大科学计划。国家科技计划对外开放力度加大,大批国际著名的科学家尤其是华人科学家来华工作或进行合作研究,更多外籍科研人员承担国家重大科研任务。国际联合研究广泛深入开展,2020年SCI收录的中国论文中,国际合著论文达14.45万篇,合作伙伴涉及190个国家和地区。一批科学家在国际学术组织和学术期刊担任重要职务。截至2020年,中科院科研人员在国际组织任职人数981位,比2012年增加了50%。其中,担任主席、副主席、国家代表等重要职务的331位,比2012年增加了109%。多层次的科技国际合作网络正在形成,为我国科技创新水平的全面提升增添了新的动力和活力。

最后,我们引用杨振宁的看法来说明中国科技为什么一定能、一定行。他认为:"中国众多人口中的许多人才,加上注重忠诚、人伦关系,以及勤奋、忍耐的文化特质,过去抗拒吸收西方科学思想的儒家文化保守性的消失,以及近年经济建设的成功,使得中国在科学发展所需的才干、纪律、决心和经济支持的条件,可说是四者俱备。"因此,我们有理由相信,只要我们继续坚持改革开放不动摇,坚持创新发展不停步,走高质量科技自立自强的发展之路,就一定能够在建设现代化科技强国的道路上奋勇前进。

主要参考文献

[1] 艾美·居里.居里夫人传[M].左明彻,译.北京:商务印书馆,2017.

[2] 操秀英.强基固本,为科技创新提供不竭动力[N].科技日报,2022-08-26
(005).

[3] 陈丹阳.中国人应知的古代科技常识[M].北京:中华书局,2020.

[4] 陈套.弘扬科学家精神 实现科技自立自强[J].科技中国,2022(1):90-94.

[5] 陈相利.加强科技伦理治理 我国进行了哪些探索[J].科学大观园,2022
(8):22-25.

[6] 陈禹.世界首例人工合成牛胰岛素纪事[J].档案春秋,2019(4):7-9.

[7] 戴昇.科学探索与人文研究的共鸣——基于科学巨擘的经验思考[J].北方
论丛,2022(1):165-170.

[8] 丹皮尔.科学简史[M].柏林,译.北京:中国华侨出版社,2021.

[9] 丁明磊.高水平科技伦理治理:现实意义与总体思路[J].国家治理,2022
(7):38-42.

[10] 房汉廷.新一轮国家科技战略视角下的金融科技创新空间[J].科技与金
融,2022(6):55-58.

[11] 方力.深刻认识源头创新的实践意义[J].理论导报,2022(6):38-39.

[12] 方勇.世界一流大学的基本特征[J].纺织教育,2006(6):55-56.

[13] 方中雄.创新人才基础培养的核心意旨与实现路径[J].中国教育学刊,
2022(2):22-27.

[14] 费多益.科学的文化边界——科学活动认知层面社会学解释的反思[J].哲
学研究,2004(12):45-51.

[15] 冯长根.重视"口口相传"赢得的科研声誉[J].科学新闻,2021,23(3):13-14.

[16] 高越.借他山之石 构建中国特色科研项目管理新范式[J].中国科技财富,
2022(2):23-24.

[17] 葛海涛,李正风.让伦理观念融入科技发展的血脉[N].科技日报,2022-06-

10(8).

[18] 国家统计局社科文司.科技发展大跨越 创新引领谱新篇[N].中国信息报,2019-07-24(001).

[19] 韩启德.为科技自立自强厚植科学文化沃土[N].科技日报,2022-05-06(8).

[20] 韩震.知识形态演进的历史逻辑[J].中国社会科学,2021(6):168-185.

[21] 侯兴宇.再议科研机构的学风——写在《关于进一步弘扬科学家精神加强作风和学风建设的意见》发布三周年之际[J].科学新闻,2022,24(4):38-39.

[22] 黄涛.钱三强:我国原子能科学事业的创始人[J].智慧中国,2022(8):52-55.

[23] 黄志斌,王卓君,薛晓东.科技创造心理学[M].合肥:安徽人民出版社,1989.

[24] 贾宝余,应验,刘立."点将配兵"与重大突破:重大战略科技领域创新要素的配置模式[J].中国科学院院刊,2022,37(1):88-100.

[25] 江才健.杨振宁传——规范与对称之美[M].贵阳:贵州人民出版社,2022.

[26] 江美慧.科技创新人才的个体特征探析[D].长春:吉林大学,2020.

[27] 金观平.科技要创新 伦理须先行[J].现代企业,2022(5):1.

[28] 金涌.科技创新启示录[M].北京:清华大学出版社,2020.

[29] 李侠.世界科学中心转移背后的文化变迁[N].科技日报,2022-05-20(8).

[30] 李响,齐欣.不拘一格建设科学文化基础设施[N].科技日报,2022-07-05(8).

[31] 李欣竺.普林斯顿高等研究院的发展理念及其成功因素研究[J].现代职业教育,2020(44):210-211.

[32] 李赞,孙寅林.推进我国基础研究的对策思考[J].理论视野,2022(5):64-70.

[33] 梁宋平.好奇与敬畏——一位导师说给新入学研究生的"知心话"[N].中国科学报,2022-9-9(4).

[34] 林德宏.科学思想史[M].南京:江苏科学技术出版社,1985.

[35] 刘萱,赵延东.科学文化是塑造我国科技创新内生动力的重要社会基础[N].科技日报,2022-06-17(8).

[36] 刘垠.多方参与 协同共治 推动科技向善[N].科技日报,2021-12-20(001).

［37］路涛.我们为什么要号召科技向善[J].中外企业文化,2022(4):14-15.

［38］罗伯特·索尔所等.《认知心理学》(第8版)[M].邵志芳等,译.上海:上海人民出版社,2019.

［39］马建明.从古代中西科学特点的比较分析近代中国科学落后的原因[J].西安工程大学学报,2011,25(5):741-746.

［40］彭青龙.绿色发展、科技人文与跨学科思维——访谈金涌院士[J].上海交通大学学报(哲学社会科学版),2021,29(4):1-11.

［41］钱汉江.沈括九百年前提出"石油"一词[J].科学大观园,2010(21):72-73.

［42］乔为国.产业创新实验室(i² Lab):一种新型科技成果转化平台模式设计研究[J].科学学与科学技术管理,2021,42(3):123-137.

［43］丘成桐.我的几何人生:丘成桐自传[M].夏木清,译.南京:译林出版社,2021.

［44］任福君.科学文化建设需要重视的若干方面[N].科技日报,2022-10-28(8).

［45］任晓刚.让科技"向善"之光照亮前行之路[J].科技智囊,2022(4):2-3.

［46］佘惠敏.六角形结晶的闪光时刻[N].经济日报,2016-01-24(6).

［47］沈颖.科学共同体要在科学文化建设中发挥更大作用[N].科技日报,2022-09-22(8).

［48］矢俣科学事务所(日).诺贝尔奖中的科学(生物学或医学奖)[M].王沥,译.北京:科学出版社,2012.

［49］孙小礼.数学:人类文化的重要力量[J].北京大学学报(哲学社会科学版),1993(1):76-83,130.

［50］《屠呦呦传》编写组.屠呦呦传[M].北京:人民出版社,2015.

［51］万劲波,张凤,潘教峰.开展"有组织的基础研究":任务布局与战略科技力量[J].中国科学院院刊,2021,36(12):1404-1412.

［52］王春法.关于培育科学文化与建设世界科技强国关系论纲[J].中国国家博物馆馆刊,2019(4):6-16.

［53］王海荣.中国进入创新型国家行列[J].今日中国,2022,71(9):42-44.

［54］王玲.利弊之争:化学肥料传入中国早期的论战[N].光明日报,2018-05-14(14).

[55] 王渝生.解码中国古代科学文化优秀"基因"[N].科技日报,2022-05-27(8).

[56] 王梓坤.科学发现纵横谈[M].北京:中华书局,2013.

[57] 魏立帅.实施科技发展战略,走科技强国之路[J].中共党史研究,2018(12):16-25.

[58] 魏世杰,张文霞,朱欣乐.妥善处理三大关系 系统性、全链条推进科技管理体制改革[N].科技日报,2022-07-18(006).

[59] 吴国盛,徐蓓.我们对科学有多少误解[N].解放日报,2019-02-22(010).

[60] 吴军.2019.全球科技史[M].北京:中信出版集团,2019.

[61] 吴瑕.牛顿与爱因斯坦科学发现观比较研究[D].武汉:华中师范大学,2013.

[62] 习近平.为建设世界科技强国而奋斗[N].人民日报,2016-06-01(002).

[63] 习近平.在科学家座谈会上的讲话[N].人民日报,2020-09-12(002).

[64] 习近平.在中国科学院第二十次院士大会、中国工程院第十五次院士大会、中国科协第十次全国代表大会上的讲话[N].人民日报,2021-05-29(002).

[65] 习近平.深入实施新时代人才强国战略 加快建设世界重要人才中心和创新高地[J].求是,2021(24):4-15.

[66] 习近平.加快建设科技强国 实现高水平科技自立自强[J].求知,2022(5):4-9.

[67] 奚启新.钱学森传[M].北京:人民出版社,2011.

[68] 小白村.哥白尼:革天文学的命,我是无心的[N].科技日报,2021-11-03(8).

[69] 邢铁,李晓敏.科举制度与科学技术[J].河北师范大学学报(教育科学版),2006(3):18-22.

[70] 熊言林,曹玉宁.青蒿素的发现及其获奖启示[J].化学教育,2013,34(2):4-5,9.

[71] 徐蕴峰.科技创新战略支撑高质量发展 地理信息产业助力数字中国建设[J].智慧中国,2022(6):48-51.

[72] 亚伯拉罕·派斯.爱因斯坦传[M].方在庆等,译.北京:商务印书馆,2004.

［73］杨文衡，陈美东，郭书春.国学举要 术卷［M］.武汉：湖北教育出版社，
2002.

［74］叶玉江.持之以恒加强基础研究 夯实科技自立自强根基［J］.中国科学院
院刊，2022，37（5）：589-595.

［75］喻思南.为科技创新厚植学风作风基础［J］.科技传播，2022，14（23）：2.

［76］喻思南.在孩子们心中播下科学种子［N］.人民日报，2022-07-28（005）.

［77］喻思南.支持青年人才挑大梁当主角［J］.人才资源开发，2022（14）：1.

［78］袁江洋.科学的初心，求真也求善［N］.科技日报，2022-05-13（8）.

［79］曾钊新.学术探讨的心理活动及道德要求［J］.有色金属高教研究，1986
（2）：66-77，61.

［80］章梅芳.科学文化的多元性及其价值［N］.科技日报，2022-08-05（6）.

［81］张敏.竺可桢的故事［M］.北京：中国华侨出版社，2020.

［82］张晓宁.心理学与情商［M］.成都：天地出版社，2018.

［83］张旸，刘萱.让科学文化成为社会文化的底色［N］.科技日报，2022-08-
19（8）.

［84］赵勖，刘兵.打破定式，讲好科学家故事［N］.科技日报，2022-06-24（8）.

［85］智强，林梦柔.美国国防部DARPA创新项目管理方式研究［J］.科学学与科
学技术管理，2015，36（10）：12-22.

［86］中国科学技术发展战略研究院"科技伦理治理研究"课题组，卢阳旭，张文
霞，何光喜.我国科技伦理治理的核心议题和重点领域［J］.国家治理，2022
（7）：14-19.

［87］周烨.加快构建特色科技伦理体系 不断推动科技向善造福人类——中办、
国办印发《关于加强科技伦理治理的意见》［J］.中国科技产业，2022（4）：
20-21.